INOVAÇÃO
COMO LEVAR SUA EMPRESA PARA O PRÓXIMO NÍVEL

C887i Crainer, Stuart.
Inovação : como levar sua empresa para o próximo nível / Stuart Crainer, Des Dearlove ; tradução: Cássia Zanon. – Porto Alegre : Bookman, 2014.
ix, 180 p. ; 14 x 21 cm. – (Série Thinkers50)

ISBN 978-85-8260-221-8

1. Administração - Inovação 2. Gestão de empresas. I. Dearlove, Des. II. Título. III. Série

CDU 658.15

Catalogação na publicação: Poliana Sanchez de Araujo – CRB 10/2094

INOVAÇÃO
COMO LEVAR SUA EMPRESA PARA O PRÓXIMO NÍVEL

STUART CRAINER + DES DEARLOVE

Tradução:
Cássia Zanon

2014

Obra originalmente publicada sob o título
Innovation: Breakthrough Thinking to Take Your Business to the Next Level
ISBN 978-0-07-182781-2 / 0-07-182781-1

Copyright © 2014, The McGraw-Hill Global Education Holdings, LLC,
New York, New York 10020. Todos os direitos reservados.

Gerente editorial: *Arysinha Jacques Affonso*

Colaboraram nesta edição:

Editora: *Mariana Belloli*

Capa: *Maurício Pamplona*

Leitura final: *Silvana Silva*

Editoração: *Techbooks*

Reservados todos os direitos de publicação, em língua portuguesa, à
BOOKMAN EDITORA LTDA., uma empresa do GRUPO A EDUCAÇÃO S.A.
Av. Jerônimo de Ornelas, 670 – Santana
90040-340 – Porto Alegre – RS
Fone: (51) 3027-7000   Fax: (51) 3027-7070

É proibida a duplicação ou reprodução deste volume, no todo ou em parte,
sob quaisquer formas ou por quaisquer meios (eletrônico, mecânico,
gravação, fotocópia, distribuição na Web e outros),
sem permissão expressa da Editora.

Unidade São Paulo
Av. Embaixador Macedo Soares, 10.735 – Pavilhão 5 – Cond. Espace Center
Vila Anastácio – 05095-035 – São Paulo – SP
Fone: (11) 3665-1100   Fax: (11) 3667-1333

SAC 0800 703-3444 – www.grupoa.com.br

IMPRESSO NO BRASIL
PRINTED IN BRAZIL

Sumário

	Introdução	vii
CAPÍTULO 1	Como chegamos aqui	1
CAPÍTULO 2	Inovação diruptiva	19
CAPÍTULO 3	A cocriação do futuro	35
CAPÍTULO 4	A abertura da inovação	55
CAPÍTULO 5	De volta para o futuro	79
CAPÍTULO 6	A gestão da inovação	97
CAPÍTULO 7	A liderança da inovação	113
CAPÍTULO 8	Onde a inovação encontra a estratégia	129
CAPÍTULO 9	Onde a inovação encontra a sociedade	145

Sumário

Notas	165
Índice	167
Agradecimentos	175
Os autores	177
Thinkers50	179

Introdução

Depois que a empresa japonesa Fujitsu foi reconhecida por ter desenvolvido o supercomputador mais veloz do mundo, conversamos com as pessoas envolvidas no projeto.

O supercomputador ganhou o apelido de K, uma brincadeira com a palavra japonesa kei, que significa 10 elevado à 16ª potência. É um número grande e um projeto grande, com um orçamento de 1 bilhão de dólares e mais de mil pessoas envolvidas. O desenvolvimento começou em 2007 e terminou em 2012, com o K sendo celebrado como o mais veloz dos velozes.

Ao nos reunirmos com os gestores e líderes envolvidos nesse imenso projeto, ficamos impressionados com duas situações. A primeira foi a natureza prática dessas pessoas. Os membros da equipe da Fujitsu não eram os tipos clássicos do Vale do Silício. Não eram modernos ou descolados. Ninguém usava jeans ou calças esportivas, não se vestiam de maneira informal. Na verdade, o gerente geral do projeto parecia um típico executivo japonês de meia-idade vestindo terno completo, com colete, para afastar o frio do inverno de Tóquio. Eram pessoas comuns envolvidas num projeto extraordinário.

A segunda situação que nos impressionou foi que, apesar do comportamento aparentemente tranquilo e contido, aqueles eram homens e mulheres com uma missão. Conversamos com Aiichirou Inoue, presidente da unidade de computação técnica de última geração da Fujitsu. Quando nos reunimos, o projeto se aproximava do fim. A pressão estava forte. Há 27 anos Inoue era a força motriz por trás do negócio de computadores de grande porte da empresa. Considerando seu longo tempo de serviço, não seria de estranhar se ele tivesse um ar de tédio, mas, na realidade, ele parecia uma bola de energia criativa, empolgado e sob pressão na mesma medida. "Nas minhas funções anteriores, não consegui fazer o que queria. Queria fazer alguma coisa eu mesmo, não apenas ser usuário, mas construir", ele explicou.

Conversando com Inoue e seus colegas, ficou claro que o inovador e revolucionário computador K não era um fim em si mesmo. Havia forças muito mais importantes e motivadoras em andamento. "Quero que os jovens engenheiros que trabalham neste projeto se sintam motivados e gostem do que fazem", disse Inoue "mas vamos falar claramente: o computador K vai mudar o futuro da Fujitsu, do Japão e dos seres humanos. Ele vai nos dar a capacidade de olhar para o clima do futuro, além de proporcionar vários usos na área da saúde. Por isso falo em seu poder de mudar a humanidade. Um computador não passa de uma caixa grande. O interessante é vê-lo como uma ferramenta para auxiliar as sociedades de todo o mundo."[1]

Depois de nos despedirmos da equipe da Fujitsu, começamos a repensar nossa ideia sobre inovação. O que havíamos encontrado desafiava nossos estereótipos e suposições. Aprendemos que inovação não se pratica em isolamento. Nem é o trabalho de super-homens e supermulheres, embora muito do que eles realizem tenha um incrível potencial de mudar o mundo. A inovação é comum, mas os resultados são extraordinários. A inovação muda a realidade, mas é construída a partir de aspirações, sonhos, ambições e visões.

Nós repensamos, e este livro combina nossas experiências de conversar com praticantes e pensadores do campo da inovação, entre eles Clay Christensen, Vijay Govindarajan, Gar Hamel, Linda Hill, Costas Markides, Roger Martin, C. K. Prahalad, Don Tapscott e muitos outros. Nosso objetivo é oferecer acesso direto e compreensão dos fundamentos da inovação e dos mais recentes pensamentos sobre o tema. Depois nos conte se conseguimos.

Stuart Crainer e Des Dearlove
Fundadores do Thinkers50

CAPÍTULO 1

Como chegamos aqui

Inovação é importante – hoje mais do que nunca. Poucos gestores discordariam da afirmação de que inovação é um imperativo dos negócios. Sempre ouvimos CEOs, acadêmicos e políticos falando bonito sobre a necessidade de inovação nesta ou naquela empresa, indústria ou mesmo na economia nacional. Mas por que a inovação tem tanta importância no atual mundo dos negócios?

A resposta é surpreendentemente simples. A inovação está onde o mundo dos negócios e a criatividade se encontram para criar novos valores. É simples assim.

A palavra *inovar* apareceu pela primeira vez em meados do século XVI. Vem do latim *innovatus*, que significa "renovado, alterado", do verbo *innovare*, composto de *in* ("dentro de") e *novare* ("fazer novo"). Em outras palavras, inovação é encontrar

2 Inovação

novas formas de mudar as coisas. Uma definição bastante útil de inovação é "a criação de um novo valor".

O que torna isso ainda mais relevante hoje é que vivemos num mundo em que exigimos constantemente novos valores dos produtos e serviços que consumimos. Pense bem. Quando foi a última vez que você comprou um telefone novo que anunciava "a mesma velha tecnologia conhecida e testada de sempre" ou um carro que se autoproclamava "tão bom como antes"? Talvez nossos antepassados pudessem ser persuadidos com alegações de constância e consistência, mas hoje nós queremos mais.

Você pode colocar a culpa na volubilidade dos consumidores ou no progresso, se quiser, mas é inegável que há um incremento contínuo das nossas expectativas, e isso inclui um aumento das nossas expectativas de inovação. As empresas estão na linha de frente.

Não se trata apenas de a concorrência acrescentar uma nova funcionalidade ou botão a um produto existente. A vida comercial pode ser decididamente hobbesiana: cruel, brutal e, cada vez mais, curta. Categorias inteiras de produtos podem desaparecer da noite para o dia. Lembra do VHS? Do gravador de fitas cassete? De quando precisava comprar filme para a máquina fotográfica?

Um dos maiores desafios na relação com a inovação é a relação com a *inovação descontínua*. Quando as tecnologias mudam, novos mercados surgem, as regras regulatórias do jogo mudam ou alguém apresenta um novo modelo de negócio. Muitas empresas anteriormente bem-sucedidas de repente se tornam vulneráveis, e algumas delas são logo relegadas ao passado.

Uma parte fundamental do problema é que lidar com a descontinuidade exige um conjunto de competências bastante diferente daquelas com as quais estamos acostumados. Organizar e gerenciar inovação descontínua exige procurar em lugares improváveis, construir conexões com novos parceiros, alocar recursos para empreendimentos de alto risco e explorar novas formas de olhar para o negócio. São formas muito diferentes da abordagem convencional e tradicional de inovação. Historicamente, uma empresa simplesmente contratava algumas pessoas muito inteligentes, as reunia num laboratório de P&D e as deixava trabalhar. Essa abordagem não é mais suficiente.

Um dos maiores desafios enfrentados pelos gestores atualmente é: como uma empresa começa a construir competências para a inovação descontínua?

Essa é uma das perguntas que este livro tenta ajudá-lo a responder. Mas vamos começar pelo começo. Evidentemente, a inovação é tão antiga quanto a vida humana. Na realidade, alguns irão dizer que a capacidade de inovar é a característica da humanidade que nos permitiu dominar o mundo nos últimos milênios – para o bem e para o mal. (Esperemos, também, que seja a característica redentora que nos permita aprender as lições necessárias se pretendemos manter nosso planeta no futuro.)

Ao longo do tempo, houve diversos saltos de inovação. Podemos indicar as inovações que permitiram que nossos ancestrais passassem da caça e da coleta para o cultivo, por exemplo, e depois desenvolvessem economias agrárias. Podemos apontar ricos períodos de experimentação e inovação nas artes e nas ciências durante o Iluminismo e a Renascença. Tudo isso é testemento da criatividade e da inventividade humanas. Mas o nosso foco é na inovação nas esferas comercial e organizacional.

Inovação e negócios

Aqui temos um paradoxo. A verdade é que negócios e criatividade são companheiros desconfortáveis. *Criativo* é, muitas vezes, um termo pejorativo nos negócios – basta pensar em "contabilidade criativa" ou na desconfiança generalizada dos "criativos" em muitas organizações. O estereótipo do mundo corporativo típico é repleto de pessoas de ternos formais e tomadores de decisões racionais que só usam o lado esquerdo do cérebro, enquanto o mundo que associamos com realizações criativas é cheio de rebeldes indisciplinados e mal vestidos que só usam o lado direito do cérebro. É a aparente desconexão entre a criatividade e os negócios que torna a inovação algo tão difícil para as empresas (principalmente empresas grandes) compreenderem e gerenciarem. No entanto, elas precisam gerenciá-la, porque a necessidade de inovar é cada vez mais vital para o sucesso de todas as organizações.

O motivo é simples: o mundo se move mais e mais rápido. Um subproduto disso é que a vantagem competitiva está cada vez mais fugaz. No ambiente de negócios turbulento e complexo de hoje, empresas inteligentes sabem que se não conseguirem inovar – tanto em seus produtos e serviços quanto em seus sistemas e processos – perderão para os concorrentes. É por isso que investem tempo e esforço na criação de sistemas, estruturas e processos para garantir um fluxo sustentado de inovação.

Ao mesmo tempo, a forma como pensamos, compreendemos e executamos inovação está sendo moldada por novas ideias e pontos de vistas de pesquisadores, profissionais, acadêmicos e pensadores da administração. Com as novas práticas de inovação, os mais recentes pensamentos e ideias sobre inovação estão modificando drasticamente o panorama da inovação. Não deve ser surpresa alguma o fato de que nossa própria compreensão de inovação está continuamente sendo inovada!

Este livro reúne algumas das mais importantes ideias e perspectivas que transformaram o panorama da inovação nos últimos anos, assim como as que moldarão esse panorama nos próximos anos. Como resultado, ele oferece uma lente através da qual podemos compreender um conjunto de ideias emergente que exercerá – e já está exercendo – um profundo impacto no futuro dos negócios.

Destruição criativa

Então por que o impacto da inovação é tão profundo? Para responder a essa pergunta, é preciso observar atentamente o sistema capitalista.

O economista austro-americano Joseph Schumpeter (1883-1950) cunhou a frase "destruição criativa". Hoje, é quase tão conhecida quanto a "mão invisível" de Adam Smith como uma explicação sobre o funcionamento do capitalismo. No entanto, quantas vezes você ouviu a expressão sem pensar no papel da inovação no mantra capitalista?

A inovação pode ser vista como a força motriz por trás da tempestade de Schumpeter (como as forças da destruição criativa são, por vezes, conhecidas). Vista como um todo, inovação é a ventania do progresso. Se a partimos em temporais menores de progresso, cada nova inovação pode ser vista como um pequeno tornado.

Não há nada de novo nisso. Longe das ruas ensolaradas da potência empreendedora californiana do Vale do Silício, houve um turbilhão inicial que é muito menos reconhecido atualmente. As origens da primeira explosão de inovação comercial e industrial ocorreu na Grã-Bretanha nos séculos XVIII e XIX, durante a Revolução Industrial. Os ventos da mudança a que ela deu origem sopraram por todo o mundo, exercendo maior influência na criação do Império Britânico do que as forças militares do exército da Grã-Bretanha poderiam exercer.

A Revolução Industrial foi uma efusão de novas maneiras de pensar e trabalhar – e de muito suor e sangue também.

Nossa noção moderna de criatividade, com suas concentrações de novidade, originalidade, invenção e progresso, foi forjada no fogo do comércio. (Ironicamente, durante a Revolução Industrial, foram os artistas, e não os inventores, exploradores, empreendedores ou industriais, que se tornaram os modelos de criatividade. Mas os industriais mantiveram a patente da inovação.) Esses mesmos ventos de destruição criativa ainda estão soprando, esbravejando constantemente através da economia mundial. "Criatividade e fazer as coisas de formas diferentes são, se não idênticos, quase sinônimos", diz Jonothan Neelands, professor de educação criativa na Warwick Business School do Reino Unido. "Fazer as coisas de maneira diferente sugere uma abordagem mais criativa do mundo dos negócios, mas é também um reconhecimento de que não podemos, em nenhuma esfera de nossas vidas, continuar como se não estivéssemos enfrentando crises políticas, econômicas, sociais e ambientais que podem nos engolir. Estamos sendo atingidos pela agora constante tempestade de Schumpeter."

Repetidamente, a inovação abre blocos de construção sociais e econômicos e os reconfigura para uma nova era. Ao longo da história, períodos de turbulências e mudanças sociais foram precedidos por, ou deram origem a, explosões de inovação. Pensemos na Renascença do século XIV, no Iluminismo no século XVIII e na Revolução Industrial – ou na atual revolução digital.

Então, o que sabemos sobre inovação? Considerando que se trata de parte da condição humana, a resposta é a seguinte: supreendentemente pouco. Mas houve alguns indivíduos cujo histórico sugere que vale ouvi-los e aprender com eles. Um homem com talento especial para inovação foi o inventor e empreendedor norte-americano Thomas Alva Edison (1847-1931).

Suor e trabalho

"Talento é 1% inspiração e 99% transpiração", diz a frase famosa de Edison. Ela segue sendo uma das observações mais citadas – e inspiradas – sobre o assunto. É também um testemunho do lugar especial que o inventor ocupa no panteão da inovação o fato de a lâmpada que inventou ter se tornado sinônimo de novas ideias e inovação. Nenhuma avaliação sobre inovação poderia ser considerada completa sem a menção de seu talento precoce e seu apetite voraz por ideias novas.

A própria vida de Edison é bastante instrutiva para se compreender o conceito de inovação. Sua observação sobre o esforço necessário para transformar ideias em inovações era também a máxima sob a qual ele vivia. Ao final de sua extraordinária carreira, Edison havia acumulado 1.093 patentes nos Estados Unidos e 1.300 no exterior. O inventor do fonógrafo e da lâmpada incandescente também encontrou tempo para dar início ou controlar 13 grandes empresas. Seus empreendimentos, direta ou indiretamente, levaram à criação de diversas corporações conhecidas, incluindo a General Electric e a RCA. A Consolidated Edison ainda aparece listada na Bolsa de Valores de Nova York.

A telegrafia foi o catalisador da grandiosidade de Edison, que tinha talento natural com o código Morse, sendo um dos mais velozes transcritores do seu tempo. Como telegrafista noturno, ele tinha a obrigação de enviar o número seis a cada hora para confirmar que ainda estava operando o telégrafo. Em vez de fazer isso, ele inventou uma máquina que transmitia o número seis por ele automaticamente e passava as noites se divertindo nas hospedarias locais. Demitido de vários empregos, ele cruzou os Estados Unidos trabalhando como telegrafista free-lance. Louisville, Memphis, Nashville e Boston – Edison passou por todas essas cidades antes de finalmente se estabelecer em

Nova York. A esta altura, havia ingressado com seu primeiro pedido de patente – um registrador automático de votos para o Legislativo de Massachusetts.

Foi em Nova York que Edison formou sua primeira sociedade com Frank L. Pope, conhecido engenheiro telegráfico, para explorar suas invenções. A sociedade acabou sendo absorvida pela Gold & Stock, empresa controlada por Marshall Lefferts, ex-presidente da empresa norte-americana de telégrafos, que pagou 20 mil dólares aos dois sócios pelo privilégio. Reconhecendo a engenhosidade de Edison, Lefferts fez um negócio por baixo da mesa com ele, garantindo as patentes independentes de Edison pela soma então vultosa de 30 mil dólares.

Em 1870, beneficiado por alguma segurança financeira, Edison contratou o matemático inglês Charles Batchelor e o mecânico suíço John Kruesi. Ele assinou acordos de patentes com a Gold & Stock e a Western Union; iniu-se a um sócio para os negócios, William Unger; mudou-se para um edifício de quatro andares na Ward Street, em Newark, Nova Jersey; e, em seguida, começou a inventar em grande escala. A fértil mistura de mentes na Ward Street produziu rapidamente uma impressora de ações, um telégrafo quadruplex e uma máquina capaz de decodificar rapidamente o código Morse.

A década de 1870 foi o período mais criativo da vida de Edison. Precisando expandir sua operação, ele se mudou para um conjunto de edifícios em Menlo Park, cidade a 38 quilômetros de Nova York pela ferrovia Nova York-Philadelphia. O nome *Menlo Park* se tornou sinônimo de inovação. Foi lá que Edison e sua equipe aperfeiçoaram o fonógrafo. As patentes foram registradas em dezembro de 1877, mas Edison mal parou para respirar. Começou logo a fazer experiências com filamentos incandescentes e bulbos de vidro. Embora ainda não estivesse perto de desenvolver o que viria a se tornar a lâmpada incandescente, ele conseguiu convencer um consórcio de que poderia produzir um sistema de iluminação comercialmente viável baseado em tal produto. Como resultado, assinou um acordo de direitos e remuneração que serviu de base para a Edison Electric Light Empresa. Na realidade, Edison estava longe de desenvolver tal produto. O tempo passou, com Edison fazendo bastante barulho a respeito de progressos, embora, na realidade, estivesse evoluindo pouco no laboratório. Sentindo a pressão, ele se recolheu para dentro de um armário embaixo da escada, tomou uma dose de morfina e dormiu por 36 horas.

Foi na quarta-feira de 12 de novembro de 1879 que Edison finalmente produziu uma lâmpada que ficou acesa por tempo suficiente para ser considerada de valor comercial. Durou 40 horas e 20 minutos. Em dois meses, ele havia ampliado a longevidade do produto a 600 horas. Visitantes iam até Menlo Park para admirar as luzes que iluminavam a rua. Infelizmente, o que se seguiu para Edison não foi o triunfo de sua invenção, mas um período de prolongado litígio de patente que durou mais de 10 anos.

A invenção da lâmpada e a formação da Edison Electric Light Company marcaram o ápice das realizações de Edison. Entretanto, ele continuou a inventar. Nos anos que se seguiram, emergiu uma sucessão de novas inovações: geradores de corrente contínua, o primeiro sistema de iluminação elétrica, sistemas de medição elétrica, baterias alcalinas, equipamentos de fabricação de cimento, som e imagens em movimento sincronizados e detecção submarina por meio de som. Seus laboratórios também produziram uma enorme quantidade de grandes mentes, mais notadamente Nikola Tesla, que ficou famoso por seu trabalho no transformador de Tesla e nos motores de indução AC. O Mago do Menlo Park, no entanto, nunca mais conseguiu readquirir totalmente o brilho dos anos anteriores. Edison morreu no domingo do dia 18 de outubro de 1931, trabalhando até o fim.

Lições sobre inovação

O que aprendemos com a vida desse impressionante inovador? Talvez a maior lição de todas seja que uma grande ideia só leva a uma inovação genuína se pode ser comercializada. Sem dúvida, grande parte da genialidade de Edison repousa em sua percepção de que a inovação sozinha era insuficiente para o sucesso comercial. Edison se focou na criação de produtos comercialmente viáveis. Para fazer isso, montou uma equipe de mentes brilhantes em Menlo Park. Na verdade, ele criou o primeiro laboratório de pesquisa de produtos – um antepassado de instalações como o famoso centro de pesquisa Xerox PARC, em Palo Alto, na Califórnia. Ele criou uma abordagem prática e comercial à invenção que se mostrou imensamente bem-sucedida.

Embora pareça óbvio que inovação sem comercialização seja uma experiência vazia, vale notar que há muitas inovações que não conseguem ser comercializadas ou que são comercializadas, mas não por seus criadores. No livro *Fast Second*, Constantinos Markides e Paul Geroski desenvolveram esse tema, observando que os originadores de inovações tão diversas quanto o motor a jato, a máquina de escrever, o pneumático e o gravador de fita magnética não foram os responsáveis por levar essas criações à comercialização em massa. "Os indivíduos ou empresas que criam mercados radicalmente novos não são necessariamente aqueles que os ampliam nos grandes mercados de massa", observaram Markides e Geroski. "As evidências demonstram que, na maioria dos casos, os pioneiros de mercados radicalmente novos quase nunca são os que ampliam e conquistam esses mercados."[1]

Mesmo com a limitação de que a inovação nem sempre leva à comercialização, a inovação no formato de Edison ofereceu o modelo para a corporação do século XX. Inovação era algo que ficava cuidadosamente protegido debaixo do guarda-chuva de P&D. Grupos de técnicos e cientistas de P&D – que hoje chamaríamos de *geeks* – trabalhavam com inovação e depois passavam os frutos de seu trabalho ao restante da organização.

Tim Brown, da empresa de design IDEO, fala sobre a contribuição de Edison à nossa abordagem da inovação: "Edison não era um cientista altamente especializado, mas um grande generalista com perspicácia para os negócios. Em seu laboratório de Menlo Park, em New Jersey, ele se cercou de curiosos, improvisadores e experimentadores talentosos. De fato, ele destruiu o modelo do 'inventor genial solitário' ao criar uma abordagem à inovação baseada no trabalho em equipe."[2]

Munida de ideias brilhantes que saíam do laboratório de P&D, o trabalho da empresa era então comercializar as inovações na maior escala possível. Na época, isso funcionava. Depois que uma empresa criava um produto ou serviço inovador, podia montar uma operação de grande escala para comercializá-lo, e podia produzir em larga escala, sabendo que sua vantagem iria durar. Durante grande parte do século XX, uma empresa que tivesse um produto ou serviço superior poderia esperar que sua vantagem iria durar por anos, mesmo décadas. Na verdade, o principal objetivo e a principal razão de ser das grandes empresas era capitalizar em cima de sua vantagem competitiva alavancando economias de escala para reduzir os custos e defender sua vantagem competitiva, podendo assim manter um preço elevado superior. O sucesso dessas grandes organizações estava não em sua capacidade de inovar, mas na capacidade de obter maiores lucros por meio das eficiências que fluíam das economias de escala.

A produção em massa democratizou muitas das inovações que estavam sendo apresentadas, mas também teve um efeito colateral infeliz: tornou a inovação mais difícil. Com a escala veio a eficiência, mas ela também tornou a experimentação e a inovação mais difíceis para as empresas.

Acelerando a mudança

Conforme o século XX se aproximava do fim, foi ficando mais claro que o mundo estava mudando. Como empresa após empresa e setor após setor descobriram, nenhuma vantagem competitiva é sustentável no longo prazo. Se você tem alguma dúvida a esse respeito, pergunte às pessoas que trabalhavam na Kodak. Uma empresa que um dia ocupou uma posição aparentemente inatacável no mercado de fotografia foi forçada a pedir falência em 2012 porque não havia conseguido reagir com a rapidez suficiente e acabou se tornando obsoleta em suas inovações em fotografia digital.

Em seu auge, nos anos 1980, a Kodak empregava mais de 60 mil pessoas apenas em Rochester, Nova York. Quando ingressou com o pedido de falência, em 2012, empregava menos de 7 mil pessoas na cidade e havia fechado 13 fábricas de filmes e 130 laboratórios fotográficos em todo o mundo.

O colapso gradual da empresa foi dramático. Em meados da década de 1970, ela dominava o mercado fotográfico, sendo responsável por 90% de todas as vendas de filmes e 87% do mercado de câmeras. Nos anos 1990, a nova concorrência da empresa japonesa Fuji Photo, que atacou a Kodak com preços mais baixos, tomou conta de uma fatia da participação no mercado. Mas o advento da fotografia digital foi sua ruína. Enquanto a Fuji e outros concorrentes abraçaram a inovação, a Kodak não reagiu com rapidez suficiente e se viu marginalizada. Quando a empresa finalmente reagiu, era tarde demais. História semelhante vem se repetindo em empresas ao redor do mundo.

O fenômeno da inovação como turbilhão comercial que redesenha indústrias inteiras não é novo. O que mudou foi a velocidade com que novas inovações afetam rotineiramente a vantagem competitiva e reconfiguram as indústrias completamente.

Um exemplo é o que está acontecendo na indústria farmacêutica global, em que o modelo tradicional de P&D está firmemente arraigado. Cientistas inovam em novas combinações de moléculas em seus laboratórios. Essas combinações são transformadas em produtos que são comercializados. Agora, no entanto, as empresas concorrentes estão mais especializadas e muito mais velozes no desenvolvimento e lançamento de seus próprios medicamentos concorrentes. Empresas indianas como a Cipla, os laboratórios Dr. Reddy's, a Glenmark Generics e a Sun Pharmaceutical Industries vieram do nada para se tornarem *players* importantes na indústria farmacêutica global. O mesmo fenômeno está acontecendo em outras indústrias. No mercado de celulares, a Motorola começou abrindo o caminho. Em seguida, foi ultrapassada pela Nokia, que se reinventou com sucesso. Depois, veio o BlackBerry, seguido pelo iPhone e, agora, a Samsung está modificando o mercado mais uma vez.

No setor da moda, a empresa espanhola Zara criou sua própria marca de *fast fashion*, com a capacidade de produzir a última moda rapidamente a preços competitivos. Sua inovação está no processo e não nos designs originais.

Como a própria inovação mudou, mudou também a forma como a compreendemos e refletimos sobre ela. Hoje, especialistas falam sobre tipos diferentes de inovação:

- **Inovação sustentada.** Uma marca de inovação que ocorre dentro de um mercado existente, oferecendo melhor valor e permitindo que uma empresa possa competir com os concorrentes.
- **Inovação da eficiência.** Tipo de inovação que reduz os custos ou aumenta a produtividade. A inovação da eficiência foi a força motriz durante grande parte do século XX.
- **Inovação diruptiva.** Tipo de inovação descontínua que tem o poder de destruir mercados existentes e criar novos. Tipicamente, a inovação diruptiva resulta de uma nova tecnologia que substitui a tecnologia estabelecida.

Cada vez mais, a inovação é aplicada aos processos e serviços, bem como aos produtos. Hoje, as inovações se estendem a tudo, desde o uso de mapeamento biométrico para diminuir as filas nos aeroportos até o oferecimento de cartões de crédito *touchless* para acelerar transações financeiras.

Estas e outras mudanças estão alterando o panorama da inovação. Henry Chesbrough, da Haas School of Business da Universidade da Califórnia, Berkeley, e um dos principais pensadores da inovação em todo o mundo, coloca essa mudança em perspectiva:

A integração vertical foi a lógica de negócios predominante no século passado. Explicada por Alfred Chandler e praticada pela General Motors, a Standard Oil, a DuPont e muitas outras empresas, ela enfatizava a centralização e a integração corporativa. Por trás dessa lógica estava a crença de que o conhecimento de valor era fundamentalmente escasso. Como resultado disso, as empresas buscavam desenvolver uma vantagem de conhecimento que as outras não conseguiriam alcançar.[3]

Chesbrough identifica várias suposições de trabalho que acompanhavam aquela visão de mundo:

- *A empresa que comercializar uma inovação primeiro será a vencedora.*
- *Se você criar mais e melhores ideias na indústria, será o vencedor.*
- *As pessoas mais inteligentes da nossa área trabalham para nós.* Empresas competiam pelos melhores e mais brilhantes formandos e ofereciam a esses novatos os melhores salários e equipamentos.
- *Se descobrirmos nós mesmos, chegaremos ao mercado primeiro.* P&D interno era visto como uma barreira contra os concorrentes menores.

- *Para lucrar com P&D, precisamos, nós mesmos, descobrir, desenvolver e despachar.* O crescimento de empresas como DuPont, General Electric, General Motors, IBM, Xerox, Merck e Procter & Gamble foi abastecido por investimento sustentado em P&D interno. Um subproduto dessa ênfase foi a síndrome do "não inventado aqui", em que empresas rejeitavam qualquer tecnologia vinda de fora.
- *Devemos controlar nossa propriedade intelectual, para que nossos concorrentes não lucrem com as nossas ideias.*

A nova realidade da inovação

Estamos agora em um novo ambiente, em que essas suposições não se sustentam mais. A primeira característica desse novo ambiente é a ênfase crescente na inovação diruptiva (ver Capítulo 2). De vez em quando, uma indústria é atingida por um turbilhão – normalmente provocado por uma nova tecnologia tão diferente que altera completamente o formato da indústria e, ao fazer isso, tira muitas empresas existentes e bem-sucedidas do negócio.

Para uma organização ser realmente bem-sucedida e manter esse sucesso por muitos anos, ela precisa ser boa nos dois tipos de inovação em regime permanente (sustentada e de eficiência), e também conseguir perceber quando há uma inovação diruptiva no horizonte. Isso, no entanto, é um malabarismo difícil e dá origem ao que Clay Christensen, da Universidade Harvard, chama de *o dilema do inovador*.

O desafio para as empresas é que, inicialmente (quando elas chegam ao mercado), as inovações diruptivas não são atraentes para os melhores clientes de uma empresa existente, já que eles preferem a confiabilidade e o refinamento da tecnologia existente. Isso provoca um dilema: a empresa deve manter seus produtos existentes (frequentemente com margens maiores), desejados pelos melhores clientes ou deve investir em uma nova tecnologia que oferece margens menores e acabará por destruir seus mercados existentes? Para a maioria das empresas, a resposta é continuar com a tecnologia existente. Infelizmente, isso significa que a empresa fica para trás e perde quando a nova tecnologia amadurece e substitui a tecnologia estabelecida. Dessa forma, a Kodak só investiu em fotografia digital quando já era tarde demais.

Estar preparado para a inovação descontínua exige um conjunto específico de habilidades organizacionais, entre elas a habilidade de buscar sinais de um turbilhão em potencial que possa varrer uma indústria do mapa, ou, como aconteceu com a Internet, que possa varrer diversos setores de negócios ao redor do mundo.

A segunda característica da nova arena de inovação é a *cocriação* (ver o Capítulo 3). Ideia defendida por C. K. Prahalad, a cocriação representa uma mudança profunda na forma como o novo valor é criado, reconhecendo a relação cada vez mais simbiótica entre a empresa e o consumidor.

Relacionada à cocriação, mas ampliando ainda mais a rede de inovação, está a *inovação aberta* (ver Capítulo 4). A expressão, cunhada por Henry Chesbrough, descreve uma nova abordagem radical à inovação, exemplificada pelo movimento do código aberto (*open code*), que desenvolveu o sistema operacional Linux. Nos últimos anos, a inovação aberta foi adotada por algumas das principais empresas do mundo, incluindo a iniciativa da Procter & Gamble, Conectar + Desenvolver.

O quarto tema emergente é a *inovação reversa* (ver Capítulo 5). No passado, empresas do mundo industrializado, predominantemente ocidental, criaram inovações e as exportaram para o mundo subdesenvolvido. A inovação reversa vira esse processo de ponta cabeça, com produtos sendo desenvolvidos em algumas das nações mais pobres do mundo e sendo exportados para nações mais industrializadas. O próximo grande tema é a *gestão da inovação* (ver Capítulo 6). Gary Hamel e Julian Birkinshaw da London Business School estão entre aqueles que argumentam com mais vigor que a maneira como as empresas são administradas é o campo que oferece o maior potencial de inovação. De fato, Hamel acredita que é necessário haver uma nova visão sobre a administração, algo que ele chama de Administração 2.0. Uma questão final e perene é a da *liderança da inovação* (ver Capítulo 7). Qual a melhor forma de liderar e inspirar os inovadores de uma empresa?

São todas grandes ideias, mas o campo de batalha está cada vez mais amplo. Alguns dos pensamentos e práticas mais interessantes ocorrem onde a *inovação encontra a estratégia* (Capítulo 8) e onde a *inovação encontra a sociedade* (Capítulo 9). O mundo é o palco para a inovação, e o agora é hora de tratar de alguns dos problemas aparentemente mais intratáveis do mundo.

CAPÍTULO 2

Inovação diruptiva

Clay Christensen é uma improvável mas intensa força diruptiva no campo da inovação. Nascido em Salt Lake City, Christensen trabalhou como missionário para a Igreja de Jesus Cristo dos Santos dos Últimos Dias na República da Coreia de 1971 a 1973 e fala coreano fluentemente. Sua carreira se divide entre os mundos da academia e dos negócios. Ele trabalhou como consultor do Boston Consulting Group (BCG) durante quatro anos e começou três negócios bem-sucedidos, incluindo a CPS Technologies, empresa que fundou juntamente com vários professores do MIT em 1984.

Christensen é professor da Harvard Business School desde 1992 e é amplamente considerado como um dos primeiros especialistas do mundo em inovação e crescimento. Em 2011, ficou em primeiro lugar no ranking da Thinkers50.

No ano 2000, Christensen fundou a Innosight, empresa de consultoria que usa teorias de inovação suas para ajudar empresas a criarem novos negócios de crescimento. Em 2007, ele fundou a Rose Park Advisors, empresa que identifica e investe em empresas diruptivas. Christensen é também fundador do Innosight Institute, *think tank* sem fins lucrativos cuja missão é aplicar suas teorias para atacar problemas sociais como saúde e educação.

As ideias

Christensen é mais conhecido por seu livro de 1997 *The Innovator's Dilemma: When New Technologies Cause Great Firms to Fail*. No livro, ele analisou por que empresas bem administradas frequentemente enfrentam dificuldades para lidar com inovações radicais em seus mercados. Ele sugere que essas empresas costumam fracassar porque as mesmas práticas de administração que lhes permitiram se tornar líderes da indústria também tornam extremamente difícil para elas desenvolverem as tecnologias diruptivas que acabarão por roubar seus mercados.

A ideia de "tecnologias diruptivas" foi apresentada por Christensen e Joseph Bower em um artigo de 1995 no *Harvard Business Review*, intitulado "Disruptive Technologies: Catching The Wave". Christensen e Bower observaram que "um dos padrões mais constantes nos negócios é a incapacidade de empresas líderes de se manterem no topo de suas áreas quando as tecnologias ou os mercados mudam."[1]

Bower e Christensen apontaram diversos exemplos que estavam ocorrendo na época em que escreveram o livro. Por exemplo, a Goodyear e a Firestone entraram tarde no mercado de pneus radiais, a Sears abriu caminho à Walmart, a Xerox deixou a Canon criar o mercado de pequenas copiadoras e a Bucyrus-Erie permitiu que a Caterpillar e a Deere assumissem o mercado de escavadores mecânicos. Mas o exemplo mais notável desse fenômeno é a indústria de computadores.

A IBM dominava o mercado de *mainframes*, mas foi lenta na reação à emergência dos minicomputadores, que eram tecnologicamente muito mais simples do que os *mainframes*. A Digital Equipment (lembra dela?) dominou o mercado de minicomputadores, mas perdeu o mercado de computadores pessoais (PCs).

Essas observações levaram Christensen e Bower a fazer a seguinte pergunta: "Por que essas empresas investem agressivamente – e com sucesso – nas tecnologias necessárias para reter os clientes atuais, mas não conseguem fazer outros investimentos tecnológicos que clientes do futuro irão demandar?"

Em resposta a essa pergunta, Christensen e Bower argumentaram que burocracia, arrogância, executivos cansados, planejamento pobre e horizontes de investimentos de curto prazo têm participação nisso. Há, no entanto, um motivo mais fundamental. Baseados em um modelo que Christensen desenvolveu, ele e Bower argumentaram que existe um paradoxo em andamento – e é esse paradoxo que dá origem ao dilema do inovador do livro de 1997 de Christensen.

Próximos demais

No coração desse paradoxo está o *insight* de que "empresas líderes sucumbem a um dos mais populares e valiosos dogmas da administração. Elas ficam próximas demais de seus clientes".

Embora a sabedoria herdada sugira que é boa prática de administração ouvir o que os clientes querem, ficar próximos demais dos clientes pode produzir um efeito colateral infeliz. Ouvir aos clientes pode levar as empresas a não investirem ou verem o potencial de novas tecnologias diruptivas.

O motivo para isso é simples. Quando uma nova tecnologia é apresentada, embora possa ser mais barata, normalmente não será tão boa como a tecnologia existente – ou estabelecida. Isso não é uma surpresa, já que a nova tecnologia ainda precisa ser refinada e aperfeiçoada. Nesse estágio, se as empresas que fornecem a tecnologia existente perguntarem a seus clientes se eles querem a nova tecnologia, a resposta quase certamente será não. A nova tecnologia é menos confiável e menos atraente.

Além disso, a empresa está lucrando boas margens com suas inovações tecnológicas existentes e tem pouco incentivo para investir em uma nova tecnologia que acabará concorrendo com seus produtos existentes e produzirá margens menores de lucro. Como consequência, empresas estabelecidas não têm incentivos para desenvolver a nova tecnologia que, com o tempo, acabará por destruir seus mercados.

Ao longo do tempo, no entanto, a nova tecnologia acaba se refinando de forma a oferecer muitos dos mesmos benefícios a um custo mais baixo. A essa altura, os clientes que costumavam preferir a tecnologia estabelecida querem a nova tecnologia e abandonam o fornecedor anterior. Isso, em essência, é o dilema do inovador: desenvolver nova tecnologias que os clientes não acham que querem e que produzem lucros menores? Ou continuar a investir na melhoria dos produtos que os melhores clientes adoram?

Esse dilema ocorre em todas as indústrias. O que o modelo de Christensen sugere é que uma empresa estabelecida normalmente está em perigo quando um produto inferior e mais barato entra na base do mercado. Com o tempo, a tecnologia mais barata evolui, cresce na cadeia de valor e substitui a tecnologia estabelecida.

A indústria de computadores ilustra bem esse processo em funcionamento. O modelo de Christensen influenciou a estratégia de algumas das maiores e mais bem-sucedidas empresas e líderes da indústria. Quando era CEO da Intel, Andy Grove levou Christensen à Califórnia para explicar a inovação diruptiva a seus principais gerentes e, na ocasião, usou o conceito para elaborar uma estratégia para resistir aos rebeldes produtores de chips. A influência de Christensen também é citada como muito importante sobre Steve Jobs por seu biógrafo, Walter Isaacson. É possível argumentar que o imenso sucesso comercial da Apple durante o segundo período de Jobs no leme da empresa se deve em grande parte ao sucesso obtido por ele na resolução do dilema do inovador.

Os efeitos da inovação diruptiva não são restritos a mudanças de paradigmas tecnológicos. A inovação diruptiva pode assumir a forma de um novo modelo de negócio ou de novos processos de fabricação.

Por exemplo, na indústria automotiva dos Estados Unidos, a Ford e a General Motors não perceberam a ameaça que os carros pequenos da Toyota representavam ao mercado doméstico norte-americano. Em vez de concorrer com o fabricante japonês, elas preferiram se concentrar nos segmentos mais lucrativos de carros médios e SUV. Porém, com o tempo, a Toyota usou sua vantagem competitiva para ingressar nesses mercados e, por fim, atacar o segmento de carros de luxo. Agora, a Toyota enfrenta incursão semelhante da Kia e de outros concorrentes de preços mais baixos.

O que as organizações podem fazer para se proteger da inovação diruptiva? Em 1995, Christensen e Bower sugeriram um método para identificar e cultivar tecnologias diruptivas:

- Determinar se a tecnologia é diruptiva ou sustentada.
- Definir o significado estratégico da tecnologia diruptiva.

- Localizar o mercado inicial da tecnologia diruptiva.
- Delegar a responsabilidade de construir um negócio de tecnologia diruptiva em uma organização independente.
- Manter a organização diruptiva independente.

Com seus coautores, Christensen aplicou seu modelo de inovação diruptiva a outros setores, como educação e saúde. *Dirupting class* (2008) e *The Innovative University* (2011) oferecem soluções para o setor da educação e *The Innovator's Prescription* (2009)* examina como consertar o sistema de saúde dos Estados Unidos. Outros livros de Christensen incluem *The Innovator's Solution* (2003), *Seeing What's Next* (2004) e *The Innovator's DNA* (2011).

Inovação direta

Ao conhecer Clay Christensen, o elemento mais diruptiva é sua presença física. Ele é um homem extraordinariamente alto, com uma presença impressionante. Em sua sala na Harvard Business School, começamos fazendo a seguinte pergunta:

Qual é a sensação de ser reconhecido como o mais influente pensador de administração do mundo?

Fiz a mesma pergunta a um amigo meu que é professor no MIT. Se existisse um Prêmio Nobel de administração, ele seria o primeiro a receber. Então fiz a ele a mesma pergunta, e ele respondeu: "É muito decepcionante ser considerado o melhor do mundo, porque, durante toda a minha vida, estive na base

---

* N. de E.: Publicados em língua portuguesa pela Bookman Editora sob os títulos *Inovação na sala de aula* (2012), *A universidade inovadora* (2013) e *Inovação na gestão da saúde* (2009), respectivamente.

da montanha olhando para cima, para as pessoas no topo, e pensando, cara, como eles são inteligentes. Agora estou no topo e pensando, bom, se ninguém é melhor ou mais inteligente do que eu, o mundo está realmente em apuros! Sinto-me muito honrado que as pessoas pensem isso a meu respeito, mas o mundo está sofrendo!"

O senhor segue os passos de Peter Drucker, Michael Porter e C. K. Prahalad, outros que chegaram ao topo dos Thinkers50. Isso quer dizer que o senhor é extremamente respeitado, mas também traz uma carga de responsabilidade.

Sim, e eu me sinto muito honrado. A obrigação é a de que, se aprendi algo sobre como fazer pesquisa, preciso ensinar a próxima geração a fazer pesquisas muito melhores do que as que consegui fazer. E se eu puder fazer isso, sentirei que realizei alguma coisa. Se tudo o que deixar para o mundo é uma porção de livros, não terei mudado muito.

Vamos falar sobre os livros. O senhor é mais conhecido pela ideia da inovação diruptiva. O que exatamente é a inovação diruptiva? Explique.

A inovação diruptiva tem um significado bastante específico. Não é uma inovação revolucionária que torna bons produtos muito melhores. Ela tem uma definição bastante específica, e é a de que transforma um produto historicamente muito caro e complicado, que poucas pessoas com muito dinheiro e muita habilidade têm acesso, em um produto muito mais acessível e aceitável, de modo que uma população muito maior tenha acesso a ele.

Então uma inovação diruptiva envolve a democratização de uma tecnologia?

Exatamente isso. E, assim, cria novos mercados. Entretanto, os líderes de tecnologia que fazem as coisas complicadas e caras consideram muito difícil seguir na direção do acessível e simples, porque isso é incompatível com seus modelos de negócios. Portanto, é quase um paradoxo em si mesmo. Se você é um garotinho que quer matar um gigante, o que deve fazer é ir atrás desse tipo de produto, onde o líder se sente motivado a se afastar de você em vez de envolvê-lo.

Dê um exemplo disso. A maioria das pessoas conhece a indústria de computadores e a forma como ela se desenvolveu. Talvez você possa usar isso para ilustrar esse ponto.

Sim. No começo, a primeira manifestação dessa tecnologia digital era um computador *mainframe*. Custava muitos milhares de dólares para ser adquirido e eram necessários anos de treinamento para ser operado, de modo que apenas as maiores corporações e universidades podiam ter um deles. Quando se tinha um problema que demandasse esse tipo de tecnologia, precisávamos levar nosso problema até esse centro para que ele fosse resolvido por especialistas.

Então houve uma sequência de inovações do *mainframe* ao mini, ao *desktop*, ao laptop e agora ao *smartphone*, que democratizou essa tecnologia ao ponto de todos ao redor do mundo terem acesso a ela, e estamos muito melhores assim. Mas os pioneiros da indústria tiveram muita dificuldade para pegar essas novas ondas. A maioria delas foi criada e dominada por novas empresas.

Esse processo que o senhor descreve dá origem ao dilema do inovador, o título do seu livro de 1997. O senhor pode explicar esse dilema?

Sim. O dilema é que todos os dias e todos os anos em todas as empresas as pessoas batem à porta da alta direção e dizem: tenho um novo produto para nós. Algumas dessas pessoas se encarregam de fazer produtos melhores que poderiam ser vendidos por preços maiores aos melhores clientes.

Mas a inovação diruptiva normalmente nos faz ir atrás de novos mercados, para atingir pessoas que não são clientes ainda, e o produto que queremos vender a eles é algo tão mais acessível e simples que nossos clientes atuais não podem comprar. Assim, a escolha que se precisa fazer é a seguinte: fazer melhores produtos para vender aos nossos melhores clientes e obter mais lucro? Ou talvez devamos fazer produtos piores que nenhum dos nossos clientes iria comprar e que acabaria com nossas margens? O que devemos fazer? Este é realmente o dilema.

Foi o dilema que a General Motors e a Ford enfrentaram quando tentaram decidir se deviam concorrer com a Toyota, que entrou na base de seus mercados, ou fazer SUVs ainda maiores para pessoas ainda maiores. Agora, a Toyota enfrenta o mesmo problema. Os coreanos, com a Hyundai e a Kia, conquistaram a ponta do mercado da Toyota, e não foi porque a Toyota dormiu no ponto. Por que ela iria investir para defender a parte de menor margem de lucro de seu mercado, que é a dos subcompactos, quando tem o privilégio de concorrer com a Mercedes? E agora a Chery está chegando da China, fazendo a mesma coisa com os coreanos.

Seu pensamento sem dúvida influenciou gerações de administradores, incluindo pessoas como Steve Jobs e Andy Grove, na Intel.

Sim. Nunca imaginei que poderia vir a conhecer essas pessoas, muito menos ser considerado como alguém que os ajudou. Aprendi muito com Andy Grove. Eu estava na Harvard Business School, cuidando da minha vida, e Andy Grove me ligou do nada e disse: "Escute, sou um homem ocupado. Não tenho tempo de ler disparates de acadêmicos, mas alguém me disse que você tem uma teoria, e eu queria saber se você pode vir apresentar o que aprendeu para mim e a minha equipe e nos dizer como ela se aplica à Intel".

Para mim, foi a oportunidade de uma vida, e eu fui para lá. Andy Grove é um homem bastante direto. Quando cheguei, ele disse: "Sabe, aconteceram algumas coisas. Nós só temos 10 minutos para você, então, só nos diga o que essa teoria da inovação diruptiva significa para a Intel". E eu respondi: "Andy, não posso fazer isso, porque não tenho uma opinião sobre a Intel, mas a teoria tem uma opinião, e eu preciso descrever a teoria".

Então ele se sentou impaciente e, 10 minutos depois, me interrompeu e disse: "Escute, eu entendi a sua teoria. Diga o que ela significa para a Intel". E ele realmente havia entendido. Então eu disse: "Andy, preciso de mais cinco minutos, porque preciso descrever como esse processo de ruptura ocorreu em uma indústria completamente diferente para que vocês possam visualizar o que pode acontecer à Intel".

Então descrevi como as mini-mills entraram no mercado de aço e se sofisticaram. Quando terminei, Grove disse: "Ah, entendi. O que você está me dizendo é que, para a Intel, a teoria quer dizer..." e descreveu como a Intel tinha duas empresas se aproximando dela "por baixo" e precisava descer até elas, e não deixar que elas a enfrentassem vindas de baixo. Essa compreensão gerou um grande sucesso para a Intel.

Foi quando a Intel introduziu o chip Celeron para combater a concorrência mais barata?

Sim, isso mesmo. E eu pensei nisso. Se eu tivesse caído na tentação de dizer a Andy Grove o que ele devia fazer, eu estaria morto, porque ele sabia muito mais sobre microprocessadores do que eu jamais poderia saber.

Mas em vez de dizer a ele o que pensar, eu o ensinei como pensar para que pudesse tirar suas próprias conclusões. E isso mudou a forma como eu ensino, como eu falo, e o *insight* é que, por qualquer que seja o motivo, da forma como o mundo está estabelecido, apenas há dados disponíveis sobre o passado. E quando ensinamos às pessoas que elas devem ser analíticas, orientadas por dados e baseadas em fatos ao olharem para o futuro, de muitas maneiras nós as estamos condenando a agir apenas quando o jogo já acabou.

A única forma de olharmos para o futuro é usando um bom modelo. Como não há dados, precisamos ter uma boa teoria. E não pensamos nisso, mas toda vez que agimos, essa ação é baseada em uma teoria. Assim, ensinando administradores a olharem para o futuro através das lentes de uma teoria, podemos, na verdade, ver o futuro muito claramente. Acho que foi isso que a teoria da dirupção fez.

E o senhor aplicou essas ideias a áreas fora dos negócios – à saúde e à educação. Em que medida o senhor acredita que esse seja o papel da teoria e das ideias da administração? O que ela tem a oferecer para resolver os problemas verdadeiramente grandes que o mundo enfrenta?

Depende do nível que observamos. Quando você pergunta o que a administração tem a oferecer à saúde e à educação, minha resposta é "não muito", porque as técnicas que são úteis aqui podem não ser úteis lá. Portanto, tentar tirar lições das melhores práticas aqui é um jogo de azar. Porém, se, na pesquisa, atingimos um nível fundamental, as teorias são amplamente aplicáveis. Assim, se estamos tentando descobrir qual é o mecanismo causal fundamental, o que aprendemos no estudo da administração é, na verdade, amplamente aplicável.

A motivação, por exemplo. A motivação diante de cada inovador do nosso sistema escolar. Como motivamos os alunos a se envolverem? Acontece que essa motivação não é exclusividade da educação. Ela está na saúde. Como motivamos as pessoas a cuidarem de si mesmas? E, na verdade, em todo negócio em que houver um produto e se estiver tentando convencer os clientes a se motivarem a comprar esse produto, é exatamente a mesma coisa que está acontecendo em todo lugar.

Portanto, se compreendermos o mecanismo causal que leva as pessoas a colocarem algo em suas vidas, não precisaremos nos tornar especialistas em todas essas áreas. Em vez disso, precisaremos da expertise no problema. Acho que isso tem sido muito útil, porque, nos últimos 10 anos, fizemos dois livros, um sobre saúde e um sobre como melhorar nossas escolas. E nós os fizemos em paralelo. A maioria das pessoas pensa: como você é bobo, são duas áreas completamente diferentes. Mas, no meu ponto de vista, não são áreas tão diferente assim. Elas têm os mesmos problemas.

Quando temos teorias que descrevem o que acontece num nível fundamental, podemos fazer coisas desse tipo e pensar, depois de resolver um problema, onde mais podemos usar a mesma teoria para resolver o mesmo problema?

Recentemente, o senhor vem aplicando parte desse pensamento ou desse processo de pensamento à sua própria vida e questionando como irá medir sua vida.

Sim. Realmente, essa tem sido uma experiência maravilhosa para mim. Vou dar um exemplo. Escrevemos um artigo na *Harvard Business Review* sobre as medidas mal aplicadas de análises financeiras e apontamos o dedo para o pessoal de finanças porque eles nos ensinaram algumas coisas que às vezes podem nos levar para uma direção muito ruim. Uma delas é esse dogma segundo o qual devemos ignorar custos empatados e fixos e olhar apenas para a margem de custo e a receita marginal, partindo do princípio de que o que está empatado está empatado.

Mas, às vezes, essa análise marginal é muito assustadora, porque aquilo em que precisamos ser bons no futuro é diferente daquilo em que fomos bons no passado. Se olharmos para a margem de custo de se alavancar o que já está estabelecido em comparação com o custo total de se criar algo completamente novo do zero, o argumento marginal sempre vence o argumento do custo total. Assim, empresas estabelecidas apenas continuam marginalizando de modo incremental coisas que são irrelevantes para o futuro.

O mesmo é verdadeiro para as pessoas e suas carreiras? Então as pessoas que vêm à Harvard Business School têm a propensão de sempre quererem realizar alguma coisa, e o senhor disse que esse efeito marginal pode ser prejudicial às metas de longo prazo deles?

Isso mesmo. Porque eles olham para o benefício marginal de apenas um pouco mais de investimento em suas carreiras em comparação com o custo de fazer outra coisa, como, por exemplo, jogar bola com os filhos. E porque a forma como eles estão fazendo as contas, trabalhando até mais tarde e investindo um pouco mais em suas carreiras parece muito lucrativa. Mas quando os filhos deles estiverem na adolescência, eles pensarão melhor e dirão "Ah, puxa, eu devia ter investido nos garotos desde início, e agora o custo total de reverter esse problema é quase impossível". No fim, pagamos o custo total, quer saibamos disso ou não.

CAPÍTULO 3

A cocriação do futuro

Inovação ainda é frequentemente associada ao criador solitário trabalhando até tarde da noite em busca de inspiração. Quem dera a inovação fosse simples assim. A inovação contemporânea é um esporte de equipe. Entre os principais *players* intelectuais que estabeleceram isso estava Coimbatore Krishnarao Prahalad, mais conhecido como C. K. Prahalad. Prahalad (1941-2010) era o distinto professor titular de estratégia corporativa na Ross School of Business da Universidade do Michigan. Ficou em primeiro lugar no ranking do Thinkers50 de 2007 e 2009 – posição que manteve até sua morte prematura, em 2010.

Prahalad introduziu o termo competências essenciais ao léxico da administração e seu *best-seller Competing for the future*, escrito com Gary Hamel, estabeleceu a pauta estratégica para toda uma geração de CEOs.

Em 2004, Prahalad publicou dois livros: *The Future of Competition – Co-creating Unique Valve with Customers*, escrito com Venkat Ramaswamy, apresentou a ideia de cocriação, enquanto *The Fortune at the Bottom of the Pyramid – Eradicating Poverty Through Profits** argumentava que os pobres do mundo (a "base da pirâmide") representavam um mercado intocado que valia até 13 trilhões de dólares anuais.

Em *The Future of Competition*, Prahalad e Ramaswamy afirmam: "Rumamos em direção a uma nova forma de criação de valor, em que o valor não é criado pela firma e trocado com os clientes, mas é criado em colaboração entre os consumidores e a empresa".[1]

Prahalad e Ramaswamy explicaram o que acreditavam ser uma mudança fundamental: "A concorrência de negócios costumava ser muito parecida com o teatro tradicional: no palco, os atores tinham papéis claramente definidos, e os clientes pagavam pelos ingressos, sentavam e assistiam passivamente. Nos negócios, empresas, distribuidores e fornecedores compreendiam e aderiam a seus papéis bem definidos em um relacionamento corporativo. Agora o cenário mudou, e a concorrência empresarial se parece muito mais com o teatro experimental dos anos 1960 e 1970. Toda e qualquer pessoa pode fazer parte da ação".[2]

Prahalad e Ramaswamy argumentaram que o relacionamento entre as empresas e seus fornecedores e distribuidores estava se tornando indistinto, com os diferentes grupos compartilhando mais informações e colaborando com inovação. A Walmart, por exemplo, não apenas simplesmente distribui os produtos Procter & Gamble, mas também compartilha informações diárias de vendas, e as duas empresas trabalham em colaboração para garantir armazenamento e manutenção de es-

---

* N. de E.: Publicado em língua portuguesa sob o título *A riqueza na base da pirâmide – Erradicando a pobreza com o lucro*, Bookman, 2010.

toques eficientes. Este é um exemplo de como empresas trabalhando juntas podem criar valor colaborativamente.

Até certo ponto, é claro, empresas sempre colaboraram com seus parceiros de negócios para apresentar inovações. Mas a grande mudança anunciada por Prahalad e Ramaswamy foi a crescente importância da criação em parceria com os clientes.

A grande aliança

"A dinâmica em constante transformação dos negócios tem sido o foco do debate administrativo dos últimos anos. Profissionais e acadêmicos falam sobre empresas 'competindo como uma família'. Todos falam sobre alianças, redes e colaboração entre empresas, mas administradores e pesquisadores têm ignorado o consumidor, o agente mais transformador no sistema industrial como o conhecemos", observam Prahalad e Ramaswamy.[3]

Foi a mudança no papel dos clientes no processo de inovação que a cocriação promoveu. A participação ativa dos clientes na criação de novos produtos e serviços – especialmente possibilitada pela Internet – está transformando a forma como o valor é criado e a inovação ocorre.

"O mercado se tornou um fórum no qual os consumidores desempenham um papel ativo na criação e na concorrência por valor", observaram Prahalad e Ramaswamy. "A característica diferenciada desse novo mercado é que os consumidores se tornaram uma nova fonte de competência para a corporação. A competência que os clientes trazem é uma função do conhecimento e das habilidades que possuem, sua disponibilidade de aprender e experimentar e a capacidade de realizar diálogo ativo."[4]

Prahalad, cujo trabalho anterior com Gary Hamel deu a administradores a definição das competências essenciais, argumentava, naquele momento, que a capacidade de cocriar e inovar com clientes era a nova fronteira das competências. Empresas que dominassem a cocriação teriam uma vantagem competitiva no âmbito da inovação e da satisfação do cliente.

Algumas indústrias estavam mais avançadas do que outras em termos de desenvolvimento dessas novas competências. A indústria de software, por exemplo, vem tentando há muito tempo envolver seus clientes no processo de inovação, passando os testes de novos produtos dos laboratórios de usabilidade para os ambientes do cliente. Por exemplo, milhões de clientes testaram versões beta de diferentes versões do sistema operacional Microsoft Windows. Esses testes beta ajudaram a empresa a identificar e consertar pequenas falhas nas primeiríssimas versões do sistema e também a manter a fidelidade do cliente.

Outras empresas de tecnologia, como a Cisco Systems e alguns desenvolvedores de games, foram ainda mais longe, fornecendo a clientes acesso livre a informações, recursos e sistemas. Algumas desenvolvedoras de games, por exemplo, oferecem mapeamentos e ferramentas que permitem aos clientes projetarem seus próprios campos de batalha e personalizarem a aparência dos personagens virtuais.

Então, de que forma as empresas podem desenvolver as competências para criar em parceria com seus clientes?

Prahalad e Ramaswamy identificaram quatro novos imperativos:

- Estimular diálogo ativo, explícito e contínuo
- Mobilizar comunidades de clientes
- Gerenciar a diversidade dos clientes
- Cocriar experiências pessoais

Empresas de games como a Blizzard Entertainment, criadora do game *World of Warcraft*, fornecem rotineiramente as ferramentas para os consumidores personalizarem seus personagens e ambientes. O cliente pode, por exemplo, escolher se quer ser um orc, um anão, um troll ou alguma de várias raças de elfos, do elfo da noite ao elfo de sangue. São todos tipos de cocriação. Mas a ideia se estende muito além da indústria de software. Em especial, Prahalad via uma participação crescente de consumidores na formatação e criação de seus próprios valores em áreas como a saúde. Como observou de maneira visionária:

> A disponibilidade de informações médicas na internet e em outros lugares está ajudando cada vez mais os pacientes a dialogarem com seus médicos. Quanto mais entendidos eles se tornam, maiores as chances desses clientes moldarem seus próprios regimes de saúde. Os médicos podem se ressentir do uso desses conhecimentos pelos clientes, mas seria bom para eles aprender a escolher.

Prahalad também foi visionário quanto à crescente disponibilidade de dados pessoais. Ele acreditava que, como clientes e pacientes, logo conseguiríamos cocriar um perfil de saúde pessoal com nossos fornecedores da área de saúde. Ele acreditava que, em determinado momento, seria possível a alguém com diabetes, por exemplo, colaborar com um médico e receber um alerta personalizado caso sua glicose caísse a um nível perigosamente baixo. Uma inovação cocriada desse tipo salvaria muitas vidas.

Pensamento da nova era

Em seu último livro, *The New Age of Innovation* (2008), escrito em parceria com M. S. Krishnan, Prahalad levou a ideia de cocriação mais além, descrevendo um novo panorama competitivo baseado em dois princípios simples: N = 1 e R = G. Entrevistamos Prahalad em diversas ocasiões. Ele também via essas interações como uma oportunidade de cocriação. No fim, ele sempre perguntava aos cinegrafistas o que eles haviam achado da entrevista. Suas ideias importavam para ele. A visão deles era uma oportunidade de aprendizado:

O senhor cresceu na Índia como um de nove filhos. O que essas primeiras experiências lhe ensinaram?

Crescer na Índia é uma preparação extraordinária para a administração. Como nos criamos em famílias grandes, sempre precisamos fazer concessões, aprender a fazer concessões. E a Índia é uma cultura bastante diversificada em termos de idiomas, religiões e níveis de renda, de modo que começamos a conviver com a diversidade em um nível muito pessoal desde a infância.

Além disso, tive sorte por meus pais serem muito ligados à academia. Meu pai era juiz e foi um grande acadêmico. Ele nos disse desde muito cedo: "Há apenas uma coisa que, quanto mais damos, mais recebemos: conhecimento". Essas palavras ficaram comigo.

Depois, na fábrica da Union Carbide, precisei trabalhar com sindicatos comunistas. Como jovem engenheiro industrial, eu precisava estabelecer os salários, e negociar salários com os sindicatos me ensinou muita coisa. Os sindicalistas eram pessoas muito inteligentes, muito ponderadas, e, sendo justo e sincero, era possível negociar com eles de uma forma interessante. Isso me ensinou a não pensar nesses grupos como adversários, mas a colaborar, a ser honesto e a ser justo.

Seu trabalho é permeado pela ideia da cocriação. Pode explicar o que isso significa?

A cocriação é uma ideia importante. O que ela diz é que precisamos de dois solucionadores de problemas juntos, não de apenas um. No sistema industrial tradicional, a empresa era o centro do universo, mas quando passamos para a nova era da informação, os consumidores têm a oportunidade de dialogar e de serem ativos e, portanto, podem moldar suas próprias experiências pessoais. Assim, com a cocriação, os consumidores podem personalizar suas próprias experiências, e a empresa pode se beneficiar disso. Isso está se tornando muito mais comum e possível hoje.

Qual seria um exemplo disso?

Vamos pensar no Google. Todo mundo usa o Google agora. Mas, olhando para o Google, não sei dizer como o sistema funciona. Posso personalizar minha própria página, posso criar o iGoogle. Eu decido o que quero. O Google é uma plataforma de experiência. O Google compreende que pode ter um milhão de consumidores, mas cada um deles pode fazer o que quiser com sua plataforma. Esse é um caso extremo de valor personalizado e criado em parceria. Nossa abreviatura para isso é "N = 1".

Por outro lado, o Google não produz conteúdo. O conteúdo vem de um grande número de pessoas ao redor do mundo – instituições e indivíduos. O Google agrega e disponibiliza esse conteúdo para mim. Esse é o espírito da cocriação, que diz que mesmo que você tenha 100 milhões de clientes, cada experiência de consumo é diferente porque é criada em parceria entre o consumidor e a organização, neste caso, o Google. Assim, os recursos não estão dentro da empresa, mas são acessados por uma ampla variedade de instituições. Portanto, os recursos são globais. Nossa abreviatura para isso é "R = G", porque os recursos agora vêm de mais de uma instituição. Então, N = 1 e R = G serão o padrão para o futuro.

Como estes dois princípios se aplicam a uma organização, por exemplo, uma grande organização de saúde?

Se pensarmos no que acontece em um hospital, ou no que acontece comigo, como alguém que quer manter boa saúde, cada um é singular. Cada um de nós tem sua própria história de boa saúde e problemas de saúde, então, há dados individuais a meu respeito. Não há nada que impeça os médicos que me tratam de me chamar de lado e discutir os riscos e benefícios de seguir determinado regime.

O senhor pode dar um exemplo disso?

Episódios de doenças aumentam o custo do sistema de saúde. Então, se quisermos reduzir os custos, precisamos focar no bem-estar, e bem-estar demanda a abordagem N = 1. Isso porque somos todos diferentes e todos temos propensões diferentes a doenças – genéticas e também de estilo de vida. Então, é preciso ir até esse nível.

Por exemplo, se as pessoas estão um pouco obesas, o médico pode alertá-las ao fato de que estão suscetíveis à diabetes tipo 2, que doenças cardiovasculares e pressão alta são problemas com os quais elas precisam se preocupar. É possível fazer isso hoje.

Então, por exemplo, meu médico e eu podemos olhar para meus registros médicos e meus episódios de doença e discutir um regime para me manter saudável. Este é um regime criado em parceria. O médico não pode me mandar caminhar seis quilômetros por dia, porque, se eu moro perto de uma área violenta, isso pode não ser muito inteligente. Por outro lado, o médico pode dar um jeito para que eu vá a uma academia me exercitar. Assim, sigo o regime, e o médico me acompanha.

Como se poderia levar isso além?

Bem, vamos supor que eu passe para a etapa seguinte. Vamos supor que eu seja um paciente cardíaco com um marca-passo. O médico pode dizer, "muito bem, é esta a banda em que o seu marca-passo deve operar e, com a sua permissão, vamos monitorá-lo remotamente. Se alguma coisa der errado, mandaremos uma mensagem, por celular, PC, telefone normal ou enviaremos alguém para lhe dizer para ir ao hospital porque você precisa de tratamento ou dizer para que faça repouso de dois dias." Assim, o médico pode se tornar meu amigo.

Esta é a parte N = 1. E a parte R = G? Como ela se aplica a um serviço de saúde?

A saúde é tão importante para todos nós que é fundamental que assumamos uma forma de pensar N = 1. Não podemos continuar tratando pacientes como se eles integrassem uma linha de montagem. Mas a parte R = G é mais interessante. Ela diz que o hospital pode criar um ecossistema em que não faz tudo.

Por exemplo, um assistente social pode ir conversar comigo ou com mulheres grávidas para dizer o que elas precisam fazer para ter um bebê saudável. O hospital poderia ter um relacionamento com um serviço de ambulâncias, com um nutrólogo, todos os tipos de relacionamentos. Com o diabetes tipo 2, por exemplo, pode haver laboratórios de análises clínicas que não fiquem necessariamente dentro do hospital. Dessa forma, como paciente, não preciso ir até o hospital e ficar numa fila enorme.

Então o hospital é parte de um ecossistema mais amplo?

Sim. O hospital pode construir um ecossistema de fornecedores de baixo custo ligados a ele, no qual o hospital se torna a instituição nodal que determine os padrões, que estabeleça os parâmetros sobre como serão tratadas as questões de segurança de saúde e privacidade, e que também forneça o sistema através do qual todos são pagos para fazer isso. Portanto, a ideia na saúde é ajudar a se afastar do tratamento da doença e passar para o tratamento e o bem-estar da criança. Se começarmos a partir dessa perspectiva, então N = 1 e R = G se tornam eminentemente possíveis – na verdade, obrigatórios.

Qual a influência dessas novas formas de pensar a inovação sobre a forma como lideramos? Como elas mudam a liderança?

Eu diria que há três distinções muito importantes. Primeiro, líderes devem liderar. Não se pode ser líder sem ser orientado para o futuro. Liderança tem a ver com o futuro, tem a ver com um ponto de vista em relação a esse futuro e tem a ver com esperança.

Esse é o primeiro ponto. E as outras mudanças para os líderes?
O segundo ponto sobre liderança é que ela não gira em torno do líder. A metáfora que eu gosto de usar é a de um cão pastor, não de um pastor. Um cão pastor precisa respeitar algumas regras. Número um: sempre se lidera de trás. Número dois: você pode latir muito, mas não pode morder. E número três: não perca nenhuma ovelha!

Então, em outras palavras, um líder é alguém que consegue tirar o melhor de você, não o melhor dele mesmo. Essa é uma visão bastante diferente. Era o que Gandhi fazia. Se olharmos bem para ele, para sua estatura física, para as roupas que usava, ninguém jamais diria que ele se tornaria uma marca fundamental da história humana. Mas ele foi um grande inovador – sua liderança tinha a ver com mudança. Tinha a ver com esperança. Tinha a ver com liberdade. Era algo bastante pessoal. Ele fez o indiano se dar conta de sua própria habilidade pessoal para contribuir com esse esforço. E, muito importante, ele estabeleceu alguns pontos inegociáveis. Não era uma luta armada, mas uma luta pacífica, e isso era inegociável. Então esse seria meu terceiro princípio: algumas coisas são inegociáveis. A autoridade moral vem de se ter questões inegociáveis claras. E isso demanda coragem.

Para mim, portanto, liderança é um ponto de vista, a capacidade de mobilizar pessoas e fazê-las realizar o melhor e a ter direção moral. Não é apenas capacidade tecnológica, capacidade e força econômica: é moralidade também.

Inovação com clientes

Há duas fontes de cocriação que podem competir para serem as mais negligenciadas: clientes e funcionários. Cada vez mais se fala sobre a importância de aumentar o envolvimento dos funcionários para se conseguir colher boas ideias e criatividade deles. Do lado do cliente, tem havido uma ênfase crescente na importância da experiência do cliente como meio de inovação com a clientela.

Entre os que defendem uma melhor compreensão dos clientes como caminho para a inovação está Bernd Schmitt, professor de negócios internacionais da Columbia Business School e autor de *Big Think Strategy: How To Leverage Bold Ideias and Leave Small Thinking Behind* (2007). Quando conversamos com Schmitt, começamos perguntando sobre a experiência do cliente.

Como a experiência do cliente mudou ao longo da última década?

Ela melhorou. O varejo está completamente diferente de 10 anos atrás. Pensemos numa linha de roupas casuais como a Abercrombie & Fitch. A forma como ela se vende hoje no espaço de varejo é completamente diferente. Mas não se trata apenas de varejo. Trata-se também de comunicação, de sites. Portanto, a experiência do cliente é um assunto importante, e muitas empresas estão trabalhando em torno dela. Elas estão criando posições de gerência dentro de suas organizações para criar experiências para os clientes.

Existe uma experiência do cliente única, ou ela muda conforme os países e as culturas?

Não há dúvida de que existem diferenças culturais. Uma experiência que pode funcionar nos Estados

Unidos pode não dar certo na Europa ou na Ásia. Desse modo, é preciso ser muito sensível às tendências dos clientes, a suas necessidades e seus estilos de vida. Essa é a parte empolgante do gerenciamento de experiência do cliente: nunca se pode dizer "Agora consertamos a experiência. Ela é assim". Sempre precisamos atualizá-la. Sempre precisamos melhorá-la.

Morando em Nova York, acho natural focar na experiência do cliente, porque há muitas experiências interessantes em torno dela, tanto na vida diária das pessoas quanto comercialmente. Quando pensamos no ambiente de varejo, por exemplo, ou temos contatos com as agências de propaganda e as empresas de comunicação, não conseguimos deixar de pensar que o marketing não trata apenas de fatos racionais e de destacar características e especificações de um produto, mas também de ser criativo e incomum na abordagem com os clientes. Nova York é um excelente laboratório para estudar o que está acontecendo com os clientes, mas é apenas um laboratório. É por isso que viajo muito. Sendo uma pessoa da cidade, gosto de comparar como as empresas se vendem em diferentes partes do mundo. Há muitos tipos diferentes de experiências do cliente.

A China está melhorando muito em termos de experiência do cliente. Pense no Maglev, o trem de alta velocidade de Xangai. Ele é basicamente um produto da Siemens, mas em Munique, na Alemanha, ele nunca foi para os trilhos. Em Xangai, ele foi colocado nos trilhos! É uma ótima experiência chegar à cidade dentro de 10 minutos, e há muitas outras experiências pelas quais a China está ajudando a melhorar a sensação de ser cliente. Recentemente, quando fui ao país, logo depois de passar pela alfândega, uma escala de classificação luminosa me pediu para avaliar o funcionário da alfândega em relação à minha satisfação com a experiência. Isso é serviço de alfândega de classe mundial. Então, há muitas coisas interessantes acontecendo na China em termos de gerenciamento de experiência.

Se a experiência do cliente melhorou na última década, qual será o próximo passo?

Acho que a experiência do cliente mudará de diversas maneiras. Em primeiro lugar, os clientes estão muito preocupados com ecologia, em comprar produtos ecologicamente corretos e com as empresas assumirem uma postura séria em relação a isso. Veremos muitas mudanças de empresas que estejam tentando conquistar os corações dos consumidores. Também acredito (e essa é uma mudança importante) que os clientes vão querer relacionamentos mais casuais e mais conectados – até mesmo emocionalmente – com as empresas. Eles não vão querer fazer negócios com conglomerados imensos e anônimos sobre os quais não sabem nada e que podem estar tendo comportamentos antiéticos. Portanto, acho que veremos muito mais interatividade e abertura nas transações entre empresas e consumidores.

Então os clientes passarão a esperar mais das empresas.

Isso mesmo, e isso é um desafio para o gerenciamento da experiência. Quando as expectativas aumentam, as empresas precisam corresponder às novas expectativas, e isso exige um novo estilo de administração. A administração precisa estar constantemente em contato com os clientes, compreendendo o que eles esperam e respondendo de acordo. Mas isso é algo que tornará as empresas melhores.

Tudo isso parece difícil de ensinar numa sala de aula. É mesmo?

Às vezes levo clientes para a sala de aula. Isso é primordial. As empresas deveriam estar fazendo a mesma coisa. Deveriam levar os clientes para dentro de suas organizações. Além disso, ensino a meus alunos muitas das novas tecnologias e dos novos métodos de pesquisa focados no *insight* do cliente – por exemplo, métodos que envolvem a realização de grupos focais não em laboratório, que é um ambiente artificial, mas em lojas. Portanto, nós falamos sobre técnicas de pesquisa na minha aula e as praticamos. E às vezes eu levo alunos a campo. Fazemos um *tour* de varejo na cidade de Nova York e observamos os clientes em seus ambientes (algo que acho que as empesas deveriam fazer). Acho que são excelentes técnicas para compreender os clientes e para compreender a experiência do cliente, e a sala de aula é um ótimo ponto de partida para aprender sobre eles.

Algumas empresas tratam os clientes muito mal. O senhor tem ideia de por que elas se permitem falhar nessa área?

Acho que um dos problemas de muitas dessas empresas ainda é que elas são muito burocráticas. Às vezes, elas têm medo de interagir com os clientes e descobrir que eles não gostam da forma como estão sendo tratados. Acho que este é o principal motivo: medo do cliente. Pense bem. Os clientes podem ser muito assustadores, porque podem ser muito exigentes. E talvez você não queira saber disso. Você acha que tem muito mais controle se simplesmente ficar dentro da organização.

A experiência do cliente é um fator muito importante na estratégia de qualquer empresa, portanto, ignorar os clientes é miopia. Todo o meu trabalho tem sido em torno de criatividade e de se fazer coisas novas. Experiência do cliente tem a ver com inovação com respeito ao cliente. Meu livro *Big Think Strategy* trata, mais amplamente, de como ser inovador, de como desenvolver uma estratégia inovadora e criativa dentro da organização. No livro, forneço aos administradores ferramentas para eles darem origem a ideias ousadas, transformá-las em estratégia e lançar essa estratégia.

E se os administradores não forem apenas míopes, mas estiverem empacados?

Lembro de ir a um cabeleireiro em Hong Kong e ele me perguntar como eu repartia meu cabelo. Eu respondi "à esquerda". Então ele me perguntou há quanto tempo eu repartia meu cabelo dessa maneira. Eu respondi: "não sei, uns 40 ou 45 anos". Então ele disse: "pois não vai mais repartir assim pelos próximos 40". Aquilo foi uma grande inspiração para mim. O que ele fez naquele momento foi algo como matar uma vaca sagrada: o fato de que eu repartia meu cabelo à esquerda e nunca havia pensado em fazer isso de outra maneira. Nas empresas, temos muitas dessas vacas sagradas, coisas que sempre foram feitas de uma determinada maneira. Portanto, as pessoas acreditam que as coisas precisam ser feitas assim. Todos fazem determinadas suposições que nunca são questionadas – os gestores inclusive. Pode ser muito esclarecedor para uma empresa fazer uma lista dessas vacas sagradas e então pensar em alternativas. Num processo desses, muitos gestores acabam se dando conta de que frequentemente não há bons motivos para se fazer várias coisas da maneira como elas sempre foram feitas.

O senhor já tentou fazer esse exercício com gestores?

Quando faço *workshops* com organizações, gestores conseguem facilmente listar em torno de 20 ou 30 vacas sagradas envolvendo a forma como a empresa lida com operações, marketing e lançamento de novos produtos. Eles listam essas vacas sagradas e então desenvolvem formas alternativas de gerenciar essas tarefas tão importantes. Nem todas essas alternativas representarão uma grande melhora no modo como as coisas são feitas no momento. As ideias alternativas precisam passar por um processo de avaliação, mas essa é uma forma de gerar ideias ousadas. O exercício normalmente compensa com muitas ideias novas que podem ser implementadas.

As empresas estão estruturadas para pensar grande?

A maior parte das empresas são extremamente conservadoras. São também muito burocráticas. Normalmente são organizadas em feudos que não falam entre si. Quando fazemos uma estratégia de pensar grande, precisamos romper com isso, precisamos acabar com os feudos. E precisamos de procedimentos e ferramentas sobre como dar origem a ideias ousadas, de como olhar para fora do negócio. Uma técnica que uso muito em meus *workshops* é pedir aos gestores para realizarem um *benchmarking* fora de suas áreas de atuação. Muitas empresas fazem *benchmarks* dentro de suas próprias indústrias – empresas aéreas olham para outras empresas aéreas –, mas elas também precisam tirar ideias de outros setores e do que eles estão fazendo.

Tudo isso demanda uma liderança corajosa, não é?
Tenho me interessado muito por liderança ultimamente. A ideia de liderança como algo analítico – relacionada à tomada de decisão em um *status quo* em que se escolhe a melhor alternativa possível – é apenas uma parte específica da liderança. Outra parte da liderança é olhar para o futuro, ser criativo, criar novos mundos. Para isso, empresas precisam de diferentes habilidades de liderança.

O senhor pode ajudá-las a aprender novas habilidades de liderança?
As empresas com que trabalho me contratam para ajudá-las a crescer, a ver o mundo de novas formas, a imaginar novas realidades. A maior parte das empresas tem uma equipe de liderança com alguns gestores conservadores, orientados à manutenção do *status quo*, trabalhando com aqueles que realmente desejam

remodelar os negócios. É claro que, se o negócio é um setor dinâmico, a empresa não tem escolha a não ser pensar fora de sua caixa operacional e estratégica atual. De qualquer maneira, desenvolver uma estratégia de pensar grande pode ser útil.

CAPÍTULO 4

A abertura da inovação

A inovação já foi mantida cuidadosamente isolada no departamento de P&D em quarentena criativa, e lá permaneceu ao longo do século XX.
No novo século, isso mudou fundamentalmente. A mudança foi provocada por três percepções. A primeira foi a de que injetar mais dinheiro em P&D não necessariamente leva a mais ou melhores inovações – como muitas empresas descobriram por conta própria.

Os desafios de P&D são bem ilustrados pela indústria farmacêutica. Os gigantes farmacêuticos gastam milhões em desenvolvimento de medicamentos. O centro de estudos de desenvolvimento de medicamentos Tufts, por exemplo, estima que os custos de desenvolvimento para cada droga que chega ao mercado sejam de espantosos 802 milhões de dólares.

Mas, apesar das imensas quantias de dinheiro que são gastas, as aprovações de medicamentos diminuíram nos últimos anos. O conta-gotas de medicamentos está começando a secar. Se as empresas farmacêuticas, que tradicionalmente estão entre as organizações mais inovadoras, enfrentam dificuldades para ganhar dinheiro com seus investimentos em P&D, talvez os modelos convencionais de inovação não sejam mais válidos. O modelo de inovação fechada, com área de P&D interna conduzida em segredo e lucros obtidos com produtos patenteados, pode ter passado seus dias de sucesso.

A segunda percepção foi a de que os inovadores de uma empresa são singularmente poderosos. O inventor de um novo medicamento ou o desenvolvedor de um *game* de sucesso podem financiar uma organização durante anos. Essas pessoas precisam ser tratadas com cuidado. As organizações passaram a se dar conta da importância desse pequeno grupo de pessoas inteligentes e buscaram melhores formas de administrá-lo e liderá-lo.

Em paralelo, ocorreu ainda mais uma percepção: a de que uma empresa não detém o monopólio sobre ótimas ideias. Ao longo da última década, vimos uma empresa depois da outra ampliando o alcance de suas atividades de inovação numa tentativa de acessar ideias de clientes, fornecedores, funcionários e espectadores interessados.

A abertura da P&G

Vamos pensar na história da Procter & Gamble, que analisamos com Julian Birkinshaw, da London Business School, onde ele criou o Management Innovation Lab (laboratório de gestão da inovação).[1] Em 2000, a P&G estava num ponto crucial de sua longa história. Uma das empresas mais conhecidas e criadora de algumas das marcas mais famosas e bem-sucedidas do mun-

A abertura da inovação   57

do estava numa encruzilhada. Seu CEO, Dirk Jager, havia deixado a empresa depois de apenas 18 meses no cargo. Em março, a empresa anunciou que não atingiria as metas projetadas para o primeiro trimestre. O preço das ações estava em espiral descendente, caindo de 116 dólares por ação em janeiro para 60 dólares em março. A grande perda de 885 bilhões no mercado de capitalização se equiparava à perda de confiança dentro da empresa. Isso provocou um frenesi da mídia. De forma extremamente incisiva, a *Ad Age* estampou como manchete de capa: "A P&G ainda tem importância?" Foi uma das muitas publicações dedicadas ao fim aparentemente iminente da empresa.

O novo CEO da P&G na época, A. G. Lafley, apresentou um quadro da realidade:

> Nós não estávamos atingindo nossas metas e compromissos com os analistas e investidores. Importantes áreas de negócios da P&G estavam tendo desempenhos insatisfatórios – apenas três delas respondiam por 80% do valor total criado nos anos 1990. Os concorrentes estavam invadindo e tomando participação de mercado. Havíamos investido demais: aumentamos demais a capacidade de produção, contratamos gente demais, realizamos introduções agressivas de novos produtos e expansões de marcas existentes em excesso. As marcas da P&G não estavam entregando um bom valor ao consumidor: não estávamos liderando com consistência, e os preços estavam altos demais. Havíamos aumentado o preço de marcas grandes e estabelecidas para pagar por novos produtos e alcançar uma expansão geográfica agressiva. Nossos custos também estavam altos demais. Havíamos prejudicado relacionamentos com clientes importantes que estavam frustrados com estratégias incompatíveis, serviços de nível insatisfatório e a incapacidade

da P&G de criar valor para eles. Estávamos muito focados em questões internas. Consumidos pela reorganização em massa e com tantas pessoas em novos empregos, estávamos gastando tempo demais gerenciando transações internas.

Além dessa série de problemas internos, a P&G tinha o permanente desafio corporativo de atingir crescimento. De uma empresa madura como a P&G normalmente se espera que entregue taxas de crescimento orgânico de cerca de 4 a 6% todos os anos. Historicamente, esse crescimento vinha sendo entregue pelos formidáveis recursos de pesquisa e desenvolvimento da empresa – milhares de pesquisadores espalhados pelo mundo. Mas, com a proliferação das novas tecnologias e a intensificação da concorrência, a abordagem padrão da P&G em relação a pesquisa ficou ameaçada. Apenas 35% dos novos produtos atingiram os objetivos financeiros. A produtividade de P&D ficou estagnada.

A receita de Lafley para o paciente corporativo enfermo teve amplo alcance. Estimando que seriam necessários três anos para pôr a P&G de volta nos trilhos, ele se focou nos quatro principais negócios da empresa (responsáveis por 54% das vendas e 60% dos lucros), as grandes marcas líderes estabelecidas e os 10 principais países da P&G (80% das vendas e 95% dos lucros). Os custos, que haviam disparado com Jager, foram cortados. O gasto de capital, que havia saltado para 8% das vendas, foi ajustado. Quase 10 mil empregos foram perdidos em todo o mundo com o fechamento de unidades sem resultados satisfatórios, e a empresa abandonou negócios que passaram a ser vistos como não estratégicos. Algumas linhas de produtos foram descontinuadas, investimentos, cancelados, e marcas como Comet, Crisco e Jif, vendidas.

Além disso, talvez na atitude mais ousada de todas, em meio ao estabelecimento da nova ordem da P&G, Lafley anunciou uma abordagem totalmente nova para a inovação. O fundo corporativo para inovação da P&G havia aumentado sete vezes em quatro anos. Dois terços desses projetos foram cortados. Lafley anunciou que, no futuro, em vez de se apoiar em pesquisa e desenvolvimento internos, a P&G esperava que 50% da inovação da empresa viesse de fora da empresa. Os números de P&D continuariam os mesmos, mas o foco seria na maximização das ideias tanto interna quanto externamente.

A lógica era simples. Para cada um dos pesquisadores da empresa, a P&G calculava que havia 200 pessoas – cientistas ou engenheiros – fora da empresa com talentos que a empresa poderia utilizar. Em vez de pensar que tinha 7.500 pessoas no P&D corporativo, a P&G recalculou que havia 1,5 milhão de pessoas no mundo cujo conhecimento a empresa precisava explorar. A área de pesquisa e desenvolvimento ressurgiu como Conectar + Desenvolver, com uma organização de 1.507.500 pessoas.

Realidade e desenvolvimento

O posicionamento do Conectar + Desenvolver foi importante. Primeiro, ficou claro que Conectar + Desenvolver não era a terceirização da capacidade de pesquisa e desenvolvimento da P&G. Tratava-se de encontrar boas ideias e utilizá-las para aumentar e capitalizar as capacidades internas da empresa. Essencialmente, tratava-se de uma estratégia de suprimento interno. O segundo ponto era o de que Conectar + Desenvolver não era anunciado como um programa de "transformação".

Ele focou em três áreas: as necessidades dos consumidores (cada negócio e a empresa como um todo identificaram as 10 principais necessidades do consumidor), adjacências (produtos ou serviços que poderiam ajudar a P&G a capitalizar um patrimônio de marcas existentes) e o que a empresa chama de "jogos de gestão" (uma ferramenta de planejamento que permite à

P&G avaliar como as tecnologias de uma área afetam as outras áreas do negócio). No coração do Conectar + Desenvolver está o uso das redes sociais para se conectar a novas ideias. No velho modelo da invenção, o "know-how" (saber como) era fundamental, e era nisso em que as empresas mais se focavam. No novo modelo das conexões, o "know who" (saber quem) se tornou crítico. As redes em que a P&G atua são variadas. Entre as mais notáveis estão as redes sociais proprietárias desenvolvidas especificamente para Conectar + Desenvolver. Por exemplo, os 15 maiores fornecedores da P&G têm cerca de 50.000 pessoas contratadas em P&D. A P&G construiu uma plataforma de TI para compartilhar informações sobre tecnologia com fornecedores. A aproximação dos relacionamentos de trabalho e o compartilhamento de informações proporcionaram um aumento de 30% de projetos com equipes de fornecedores e da P&G trabalhando em conjunto.

Até mesmo os concorrentes eram vistos como fontes de inspiração. A P&G também criou uma rede do que chama de "empreendedores de tecnologia". O grupo de empreendedores de tecnologia é formado por 70 pessoas em todo o mundo. Eles são, efetivamente, os olhos e ouvidos do Conectar + Desenvolver, fazendo contatos dentro do setor e na área de educação com fornecedores e mercados locais. Os empreendedores de tecnologia chamaram a atenção da P&G para mais de 10.000 produtos, ideias e tecnologias. Cada um deles é então avaliado.

Os dividendos da inovação

O resultado foi que a P&G atingiu seu objetivo. Mais de 50% das inovações da empresa agora são originadas fora dela. Quando A. G. Lafley anunciou sua meta ousada pela primeira vez em 2000, esse número estava abaixo de 15%. Conectar + Desenvolver ajudou a turbinar mais de 250 para o mercado e gerou bilhões de dólares em vendas. A abertura da inovação está sendo cada vez mais necessária e popular.

A inovação aberta, extremamente defendida por Henry Chesbrough, diretor executivo do Center for Open Innovation (Centro de inovação aberta), que é parte do instituto de inovação em negócios da Haas School of Business, oferece um modelo alternativo. Ela foi precedida pelo movimento de software de código aberto (*open code*), que defendia uma atitude mais aberta em relação à inovação, virando a noção da propriedade intelectual de cabeça para baixo ao publicar o código fonte de seu computador na Internet para qualquer um ver. O movimento código aberto permitiu inclusive que os programadores pegassem o código e o modificassem, contribuindo com o produto final. O resultado foi, aos olhos de muita gente (pelo menos dos consumidores), um produto melhor. O sistema operacional Linux, o navegador Firefox e o cliente de e-mail Thunderbird são produtos de software de código aberto extremamente funcionais.

Afirma Chesbrough: "Passamos da inovação fechada a uma nova lógica de inovação: *a inovação aberta*. Essa nova lógica reconhe que o conhecimento útil deve ser amplamente distribuído por toda a sociedade, em organizações de todos os tamanhos e objetivos, incluindo entidades filantrópicas, governamentais e universidades. Em vez de reinventar a roda, a nova lógica utiliza a roda para andar para frente com maior velocidade".[2]

É o caso, como Chesbrough observa, em que as empresas se dão conta de que "nem todas as pessoas inteligentes trabalham para nós". Segundo ele, "a percepção dessas empresas é de que, num mundo de conhecimento abundante, acumular tecnologia é uma estratégia autolimitante. Nenhuma organização, nem mesmo a maior de todas, pode mais se dar ao luxo de ignorar os imensos consórcios externos de conhecimento existentes".[3]

Abrindo as asas da inovação

Hoje, empresas de todos os setores estão sendo instadas a adotar os princípios colaborativos da inovação aberta. No artigo que escreveram em 2002 para a *Harvard Business Review*, "Open-Market Innovation", Darrell Rigby e Chris Zook identificaram diversos benefícios associados à inovação aberta: há geração de mais ideias e o acesso a uma base mais ampla de expertise, o que leva a melhorias "no custo, na qualidade e na velocidade" da inovação. Licenciar novas inovações a terceiros pode promover um estímulo necessário dentro da organização para se fazer mais uso de ideias geradas internamente, e ideias exportadas podem receber uma análise mais intensa e, portanto, um teste mais rigoroso da viabilidade econômica da ideia.

A inovação aberta se espalhou para além do movimento código aberto em muitos setores diferentes. No mercado de eletrônicos, por exemplo, muitos dos principais *players* se deram conta de que não é possível acompanhar o ritmo do apetite insaciável dos consumidores por novos produtos sem adotar um modelo de inovação mais aberto.

As principais ganhadoras são empresas como a Quanta Computer, de Taiwan, e a Wipro, da Índia. Empresas assim são conhecidas como Original-Design Manufacturers (ODMs, fabricantes de modelos originais). Elas projetam e montam equipamentos eletrônicos para grandes marcas como Dell e Sony. E, embora possam ter sido criadas para seguir especificações de design fornecidas pelos clientes, estão cada vez mais produzindo a inovação do design.

Esse tipo de terceirização de P&D não é livre de riscos. A Motorola usou uma ODM, a BenQ Corporation, de Taiwan, para projetar e montar telefones celulares. Posteriormente, a BenQ entrou no mercado de telefonia móvel da China, vendendo produtos com a própria marca. Há também um sentimento de investidor. Quando uma empresa terceiriza praticamente tudo, incluindo a inovação, o que sobra de valor proprietário além da marca?

Abra hoje

A maioria das empresas, não importa o quanto sejam progressistas, pode demorar um pouco para adotar uma abordagem completamente aberta à inovação. Na verdade, talvez nunca venha a fazer isso. Garantir um valor de troca justo entre parceiros de inovação ainda é um desafio. Essa inovação aberta envolve riscos verdadeiros, alianças, *joint ventures* e combinações de parceria que simplesmente não existem no licenciamento e na P&D interna. Os menores desses riscos são a transferência de tecnologia indesejada, vazamentos e disputas legais caras e demoradas. Até que as empresas encontrem formas de administrar esses e outros riscos, novos modelos de inovação podem continuar sendo apenas uma ótima ideia em vez de uma realidade de negócios.

No entanto, embora haja algum risco, há também um considerável lado positivo em termos de vantagem competitiva através de inovação. Muitos analistas e profissionais da indústria tinham convicção de que inovação era algo que não poderia ser terceirizado. Muitos argumentos foram apresentados, desde a necessidade de se manter próximo do cliente até o risco de abrir mão da propriedade intelectual. A revolução de terceirização da inovação que está em andamento sugere que os céticos estavam errados.

"Inovação aberta é um paradigma que parte do princípio que as empresas podem e devem usar ideias externas e internas e caminhos internos e externos para o mercado enquanto buscam avançar suas tecnologias", Chesbrough explicou em seu livro de 2003 *The New Imperative for Creating and Profiting from Technology**.

Em 2006, Chesbrough escreveu *Open Business Models: How to Thrive in the New Innovative Landscape***, que examina de que forma as empresas podem inovar o modo como criam e capturam valor de seus negócios. Mais recentemente, Chesbrough voltou sua atenção ao mundo dos serviços, com seu livro de 2011, *Open Services Innovation: Rethinking Your Business To Grow and Compete in a New Era*. Neste livro, Chesbrough explica como as empresas podem, com a ajuda da inovação aberta, passar do pensamento centrado em produtos para o pensamento centrado em serviços.

Conforme Chesbrough: "Ao longo das duas últimas décadas, as coisas mudaram profundamente. Ainda é verdade que nenhuma empresa pode crescer e prosperar sem novas ideias. Também está claro que as mudanças nas necessidades dos clientes, o aumento da pressão competitiva e a evolução de habilidades dos fornecedores demandam pensamento criativo contínuo para que uma empresa se mantenha à frente. O desafio é que a distribuição desse conhecimento crítico mudou. Essa mudança tem importantes implicações na forma como as empresas pensam sobre crescimento e inovação."[4]

Aberto até certo ponto

Isso não significa que todas as indústrias migraram ou migrarão para a inovação aberta.

Por exemplo, o setor de reatores nucleares depende principalmente de ideias internas e tem baixa mobilidade do

---

* N. de E.: Publicado em língua portuguesa sob o título *Inovação aberta: Como criar e lucrar com a tecnologia*, Bookman, 2012.

** N. de E.: Publicado em língua portuguesa sob o título *Modelos de negócios abertos: Como prosperar no novo cenário de inovação*, Bookman, 2012.

trabalho, pouco capital de risco, poucas (e fracas) *startups* e relativamente pouca pesquisa sendo realizada nas universidades. Se o setor algum dia migrará para a inovação aberta é algo questionável.

No outro extremo, alguns setores já estão abertos há algum tempo. Pense em Hollywood, que há décadas tem inovado através de uma rede de parcerias e alianças entre estúdios de produção, diretores, agências de talentos, atores, roteiristas, produtores independentes e subcontratantes especializados, como os fornecedores de efeitos especiais. E a mobilidade dessa força de trabalho é lendária: cada garçonete é uma atriz em gestação, cada manobrista tem um roteiro em que está trabalhando.

Muitos setores, incluindo os de copiadoras, computadores, *drives* de computador, semicondutores, equipamentos farmacêuticos, de telecomunicações, de biotecnologia e mesmo os de armamento e sistemas de comunicação militares estão passando atualmente pela transição de fechados para abertos. Para esses negócios, diversas inovações criticamente importantes surgiram de fontes aparentemente improváveis.

Na verdade, a localização da inovação nessas indústrias migrou para longe do isolamento dos laboratórios centrais de P&D das maiores empresas e agora está situada em várias *startups*, universidades, consórcios de pesquisa e outros elementos de fora. E a tendência vai muito além da alta tecnologia. Setores como a indústria automotiva, a saúde, o sistema bancário, companhias de seguros e empresas de produtos ao consumidor também estão se inclinando na direção da inovação aberta.

Eles se deram conta de que, num mundo de conhecimento abundante, acumular tecnologia é uma estratégia autolimitante. Nenhuma organização, nem mesmo a maior de todas, pode mais se dar ao luxo de ignorar os imensos consórcios externos de conhecimento que existem.

A ciência da serendipidade

No coração da inovação aberta está a abertura a novas ideias, ou a disposição de aceitar ideias de outros lugares da forma e no momento em que elas chegarem.

A realidade continua sendo a de que a vasta maioria da inovação ocorre dentro de grandes empresas – frequentemente enfrentando uma burocracia sufocante. Matt Kingdon, cofundador da empresa de consultoria de inovação ?What If!, argumenta que os verdadeiros heróis da inovação são os inovadores corporativos que lutam dentro de grandes organizações estabelecidas.

Kingdon passou os últimos 20 anos nas linhas de frente da inovação, inserindo novos produtos e serviços ao mercado e ajudando organizações, incluindo empresas como Unilever, PepsiCo, Google e Virgin Atlantic a se tornarem mais inovadoras.

Kingdon argumenta que o fenômeno da serendipidade – acidentes aparentemente felizes que ocorrem durante uma inovação – é menos aleatório do que possamos imaginar. Ao obter uma maior compreensão dos padrões pelos quais a serendipidade ocorre, grandes organizações podem aumentar suas chances de que esses acidentes felizes aconteçam.

Na Pfizer, por exemplo, a descoberta do Viagra muito se deveu ao fato de que as salas dos pesquisadores eram, nas palavras deles mesmos, "velhas, caindo aos pedaços", de que eles estavam espremidos em uma área pequena, com toda a equipe de químicos e biólogos se batendo o tempo todo. Essa proximidade aparentemente aleatória ajudou o fluxo de informações e a polinização cruzada dos projetos e do pensamento. Foi através de uma conversa de corredor entre dois cientistas que trabalhavam em projetos bastante diferentes que um deles ficou sabendo de uma descoberta que havia sido feita em outro campo que levou ao desenvolvimento do Viagra.

Segundo Kingdon, empresas que abrigam deliberadamente culturas e ambientes serendipitosos têm mais probabilidades de acertar na loteria da inovação. "A invenção serendipitosa e a exploração criativa das ideias é um músculo que se pode optar por trabalhar ou permitir que murche", ele diz.

Em *The Science of Serendipity*, Kingdon disseca as formas como as empresas são planejadas para apoiar ou atrapalhar a inovação. Ele investiga os dilemas que os executivos de uma ampla variedade de empresas enfrentam e detalha os passos dados para vencer os problemas e levar ótimas ideias até a linha de chegada.

O livro identifica e examina os cinco fatores-chave. Primeiro, observa o tipo de gente que é bom com serendipidade, argumentando que as pessoas que lideram iniciativas de inovação têm respeito pela organização mas não a reverenciam tanto a ponto de não serem capazes de flexibilizar as regras.

Segundo, pessoas boas em inovação procuram deliberadamente novos estímulos que as façam pensar. Terceiro, elas são adeptas de tornar as ideias o mais reais possível rapidamente, usando esboços e protótipos para dar às ideias uma expressão concreta. O quarto fator envolvido em cultivar a inovação serendipitosa é a criação de um ambiente físico que obrigue as pessoas que estejam trabalhando em diferentes projetos a entrarem em cursos de colisão, fazendo-as cruzar umas com as outras, polinizando seus pensamentos de maneira cruzada. Finalmente, Kingdon aconselha sobre como lidar com a política organizacional, a qual pode tirar a inovação do caminho com muita facilidade.

Seu conselho sobre lutar contra a máquina corporativa? "Faz parte da vida organizacional. Então, supere e siga em frente!"

The Science of Serendipity é um ótimo título de livro, mas achamos que o senhor usa a palavra ciência bastante livremente.

Ah, sim. Quem me conhece sabe que não sou cientista. Na verdade, sou um contador de histórias, e apenas fiquei muito interessado no conceito de serendipidade. Número um, é uma palavra deliciosa de dizer. Ela se desenrola na língua de um jeito completamente melífluo. Depois, quanto mais eu me aprofundava na palavra serendipidade, mais sutil ela se tornava e mais questões levantava e mais ligações eu encontrava entre a serendipidade e a realidade de como a inovação acontece em grandes organizações. Se pensamos a respeito, quando conversamos com alguém de uma grande organização sobre como uma boa nova inovação realmente aconteceu, quando tiramos as camadas da história, não encontramos uma porção de pessoas inteligentes sentadas ao redor de uma mesa de reuniões traçando estratégias para chegar ao objetivo final. As coisas simplesmente não acontecem assim. Elas acontecem com pessoas se esbarrando, tendo encontros ao acaso ou aparentemente ao acaso. A cabeça delas está no lugar certo. Elas têm a atitude certa. Estão fazendo as perguntas certas. Dizem coisas como "Vamos trabalhar num sábado" ou "O que você quer dizer com isso?" Elas não estão botando ninguém para baixo. Não estão excluindo ninguém. É uma combinação de pessoas certas com lugar certo, atitude certa e comportamento certo. Essa é a verdadeira história da inovação.

Um dos maiores exemplos da serendipidade ou de como uma organização foi programada para ter mais probabilidade de ter sorte, que é o verdadeiro significado de serendipidade, é justamente a fascinante história da invenção do Viagra. Todos nós sabemos o que o Viagra faz, e é sabido que a pequena pílula azul foi dada a 12 homens em Cardiff, no país de Gales, para um experimento sobre angina. Quando voltaram na segunda-feira de manhã, eles disseram com largos sorrisos: "Não vamos devolver as pílulas!" Em seguida, o pesquisador relatou os surpreendentes resultados à sede da Pfizer.

Naqueles dias, o pessoal de pesquisa da Pfizer ficava numa cidade chamada Sandwich, em Kent. Os funcionários do setor trabalhavam em edifícios mal conservados, com ambientes apertados, e muita gente conseguia entreouvir os resultados das outras equipes. Todos podiam então contribuir com os resultados. Era uma mistura, o que hoje poderíamos chamar de *mashup* ou de um *hackaton* de gente de diversas origens científicas contribuindo com ideias. Juntos, eles montaram a história e se deram conta de que o que haviam descoberto poderia aumentar enormemente o valor empresarial da Pfizer a ponto de ultrapassar o Lipitor (a estatina responsável por baixar o colesterol que se tornou a droga mais vendida da história farmacêutica, com vendas de 125 bilhões de dólares). Em pouco tempo, a Pfizer se tornou uma das empresas mais valiosas do mundo em termos de capitalização de mercado.

É uma história incrível. Como tornar uma empresa tão grande e tão poderosa por meio de uma descoberta feita quase por acaso? A realidade era que não foi tão por acaso como se pode pensar. Houve alguma elaboração permeando a cultura antes disso.

O subtítulo do livro é How To Unlock The Promise Of Innovation In Large Organizations (como destravar a promessa de inovação em grandes organizações). E, é claro, esse é um desafio maior, não é? Porque é tranquilo para jovens começando uma nova empresa correr riscos e inovar, mas isso é muito mais difícil em grandes organizações. O senhor pode falar um pouco sobre isso?

Com o passar dos anos, descobri que se conversamos com alguém de uma grande organização sobre um empreendedor – todos nós sabemos o nome de alguns famosos empreendedores do Vale do Silício –, o fator tédio é bem relevante. E as pessoas começam a revirar os olhos porque todos sabemos que quando se é jovem e não se tem nada, correr um risco é divertido. Agora, quando somos um pouco mais velhos, como eu, e, digamos que estejamos trabalhando em uma grande corporação e temos uma família, dependentes, um emprego, uma carreira pela frente, o risco tem um sabor muito diferente do que tem para um garoto de 20 anos de idade vestindo um moderno blusão preto de gola alta no Vale do Silício. Então, acho que os verdadeiros heróis da inovação são as pessoas das grandes organizações que sofrem todo o estresse e a pressão que conhecemos tão bem e que acompanham uma organização que, vamos reconhecer, ganha dinheiro repetindo a si mesma, talvez fazendo as coisas de um jeito um pouco melhor. Esses são os verdadeiros heróis da inovação. Como eles conseguem fazer as coisas acontecerem em uma grande organização?

Pela forma como o senhor descreve, há cinco elementos em torno disso. Vamos falar de um por um. O primeiro trata basicamente do tipo de pessoa que provoca a inovação em uma grande organização.

Eu chamo a primeira seção de Protagonista. É o principal *player* no jogo de inovação em uma grande organização. Existe uma característica de uma pessoa em uma grande organização que é capaz de fazer a inovação acontecer. Essas pessoas respeitam a organização para a qual trabalham, mas não a reverenciam. E isso é muito, muito importante. Eu as descrevo como tendo uma mentalidade de "capitão em um instante, pirata no instante seguinte". E essa é uma frase importante, porque num minuto eles estão de pé na proa de um navio, feito um capitão: vamos por ali. No minuto seguinte, podemos encontrar a mesma pessoa nas profundezas do navio consertando o motor, sem seguir o manual de instruções. É essa noção de conhecer o plano geral do lugar para onde estão indo ou do que querem experimentar que fortalece os inovadores nas grandes organizações, que lhes dá licença para agir um pouco mais como um pirata.

E o segundo elemento?

A segunda lição chamei de Busca pela Inovação. O que descobrimos com as grandes organizações é uma equação muito simples, que é a de que a inteligência da qual elas se alimentam com muita frequência pode ser muito parecida com a inteligência de que se alimentam seus concorrentes. São os mesmos tipos de pesquisadores conversando com os mesmos consumidores e falando com eles da mesma maneira.

Então descobrimos que muitos dos grandes avanços de inovação começaram com uma pergunta muito básica a si mesmo, que é: como posso olhar embaixo de pedras que meus concorrentes não estão olhando? Como posso garantir que a minha inteligência é competitiva, é nova? Então, acompanhamos alguns inovadores para descobrir com que tipo de clientes eles interagem, aonde vão, como conversam com as pessoas e de onde conseguem o estímulo para tudo isso. Uma das coisas que descobrimos, por exemplo, é que muita inovação nasce de pessoas irritadas. Ela nasce nas margens. Vamos admitir: se estamos em um grande negócio, não queremos sair do nosso escritório para conviver com pessoas irritadas que não gostam muito do seu negócio, mas, na realidade, essas são as pessoas em quem deveríamos estar prestando muita atenção.

E o terceiro elemento é o que conhecemos como prototipagem?

O terceiro elemento chamei de Tornar Real. E foi deliberadamente que não chamei de prototipagem ou iteração ou experimentação, que são conceitos bastante conhecidos, especialmente no mundo digital, onde o acesso aos clientes é muito barato e se pode modificar a oferta muito rapidamente. Temos uma crença na ?What If!, aperfeiçoada ao longo de 20 anos, de que uma das coisas mais importantes que podemos dizer no mundo da inovação é "o quanto consigo tornar isso real agora?" E a parte do agora é que é a verdadeiramente importante.

O que descobrimos é que, quer estejamos discutindo um novo conceito para um hotel ou um novo tipo de automóvel, sempre haverá formas de se tornar um conceito um pouco mais real. Talvez ele possa ser desenhado. Talvez você possa representar a entrega de um serviço. Talvez possa repassar os números rapidamente. Mas, na história da inovação, o que separa as pessoas realmente bem-sucedidas das outras é que as bem-sucedidas fazem vários pequenos testes de seus produtos. Numa grande empresa, a maneira mais fácil de fazer isso é fazer a nós mesmos a pergunta: o quanto consigo tornar isso real agora?

E o quarto elemento é algo a que o senhor fez alusão anteriormente. É sobre o ambiente, sobre criar um ambiente fértil para a inovação.

Sim, o quarto elemento do livro *The Science of Serendipity* é um xodó meu. Eu o chamo de Curso de Colisão, mas, na realidade, tem a ver com o ambiente em que estamos. Todos sabemos que, de alguma maneira, o espaço ao nosso redor é muito importante, mas não sabemos exatamente por quê. Hoje, muitos escritórios em que trabalham muitas pessoas podem ter uma belíssima área de recepção. Mas, depois que subimos até o local de trabalho, há uma porção de cubículos e muito silêncio. Há salas de trabalho planejadas para serem funcionais. Não são locais inspiradores na maior parte do tempo. E empresas que são boas em fazer as pessoas esbarrarem umas nas outras são boas em ajudar a misturar um grupo diversificado de ideias. Logo, elas usam o espaço para criar ideias.

Um ótimo exemplo disso é a sede da Pixar em Emeryville, na Califórnia, onde há milhares de pessoas em um único prédio com dois banheiros. Mas todo mundo precisa fazer xixi e todo mundo precisa comer. Então, se você consegue fazer as pessoas se misturarem durante o dia para que esbarrem umas nas outras, aumenta as probabilidades de combinar ideias. Antes, seria preciso convocar uma reunião ou marcar uma reunião ou confiar em alguém para organizá-la com antecedência.

Finalmente, é claro, temos os imperativos políticos da inovação, a política que acontece dentro de qualquer organização. O senhor pode falar um pouco a respeito disso?

Eu chamei o quinto elemento de Luta Contra a Máquina Corporativa. E esta é a parte muito, muito prática. Nunca trabalhei em uma grande empresa ou com uma grande empresa em que não houvesse resistência à mudança. Isso simplesmente não acontece. Então, o que digo aos inovadores é que é um pouco parecido com quando terminamos o primeiro namoro: às vezes, o melhor conselho é supere. Siga em frente. Sempre haverá resistência à inovação em grandes organizações. Aceite isso. Mas a forma como você apresenta os números, apresenta as ideias, vence os negativistas, divide a empolgação de alguns dos *insights* que servem de base a uma grande ideia – tudo isso são coisas que podem ser planejadas antecipadamente. E as pessoas que conseguem inovar em grandes organizações pensam no caminho que uma ideia percorre dentro de uma organização e se planejam para as batalhas que surgirão mais adiante.

Executivos sêniores costumam dizer que não devemos ter medo de fracassar, mas não se vê muita gente que fracassa sendo promovida. Então, como assumir riscos dentro de uma empresa em que existe um medo real do fracasso?

É curioso o medo do fracasso em uma grande organização. Se conversamos com sêniores de uma empresa, eles frequentemente dizem que querem que as pessoas abaixo delas corram mais riscos. Se conversamos com quem está abaixo delas, todas falam sobre seus chefes e dizem que eles não as deixam correr mais riscos. Acho que acontece alguma coisa aí que as contém, e a resposta a isso é diminuir as apostas. É preciso assumir muito mais riscos, mas riscos muito menores, em coisas que talvez se possa fazer fora do alcance do radar, coisas que é possível fazer em uma semana, em vez de coisas que só se consiga fazer ao longo dos próximos meses e que exijam enormes gastos de capital.

A primeira coisa é: como podemos reduzir as apostas por aqui? Acho que a segunda coisa é manter em mente que a rede de boatos é uma das formas mais poderosas de se fazer alguma coisa acontecer ou de se matar alguma coisa dentro de uma organização. Agora, a rede de boatos dentro de uma empresa, a estrutura de fofocas, precisa ser alimentada com histórias de sucesso em inovação.

Vamos falar sobre um risco pequeno, sobre fazer alguma coisa acontecer e contar a história do que aconteceu para que a sua energia de inovação possa conquistar alguma credibilidade. Você pode fazer as coisas acontecerem porque as pessoas veem as coisas acontecerem. Elas veem o resultado, o impacto do que você está fazendo. Então, riscos menores e histórias são as duas coisas que estão sob o controle de pessoas de qualquer nível de uma organização. Você também vai descobrir que pessoas em níveis muito altos de uma organização gostam muito de contar histórias sobre algumas das tropas que talvez tenham saído um pouco da linha e feito a coisa certa para a empresa. Elas respeitaram a empresa, mas não necessariamente a reverenciaram. Fizeram alguma coisa acontecer. Qualquer organização tem fome de histórias sobre pessoas que estejam fazendo a diferença – os heróis anônimos, se preferir.

A maior parte das empresas tem pilhas de dados sobre o comportamento de seus clientes. Qual a utilidade disso para realmente compreender o que os clientes querem e o que mais os gestores poderiam fazer para descobrir necessidades não atendidas dos clientes?

É verdade que a maior parte das empresas tem pilhas de dados sobre seus clientes, mas eis o problema: elas têm dados demais. Estão se afogando em dados. Têm tantos dados que não conseguem sentir o que os clientes sentem. E, para ser inovador, é preciso se arriscar. Pense nisso. Você precisa fazer algo que não é fácil. Precisa saber de verdade que é a coisa certa a fazer. Precisa estar verdadeiramente motivado. A forma de se motivar em uma grande organização normalmente é acompanhar um cliente que tenha um problema ou uma visão sobre como as coisas poderiam melhorar no mundo, ir à casa desse cliente, ou passar um tempo com a família dele ou onde quer que ele esteja quando toma a decisão de fazer a compra. Tente se aproximar o máximo desse momento de compra e consumo, chegar o mais perto possível do problema que o cliente tem no mundo.

Depois que se fez isso, até certo ponto isso se torna sua missão, o seu grito de guerra: é isto que vou mudar. Isso também é dado, mas não é o tipo de dado que se encontrará em uma planilha ou que se recebe pronto de um pesquisador de mercado. É algo experimental, a sensação da informação, e é a coisa mais importante de que os inovadores precisam em uma grande organização.

Na maior parte das organizações, existe um saber tácito de que é assim que o nosso setor funciona, é isso que os nossos clientes querem. Isso pode dificultar a tarefa de fazer as pessoas aceitarem uma ideia nova. Como convencer as pessoas de que esse saber está errado e de que vale a pena ir atrás da sua ideia?

As pessoas no trabalho não são ruins. A maioria das pessoas no trabalho – na verdade, quase todo mundo que conheci – tem bom coração. Elas têm boas intenções quando se trata de promover a empresa, querem que seus pares e colegas tenham sucesso. Mas ficamos tão ocupados no trabalho que quando alguém nos procura com uma ideia nova sobre como as coisas poderiam ser melhoradas – quase nunca uma ideia acabada –, às vezes é um saco. Sinceramente, criatividade demais é um saco.

Então, quanto mais as pessoas no trabalho puderem demonstrar como uma ideia pode ser levada através do sistema, mais podem torná-la realidade. Em vez de dizer "tenho uma vaga ideia sobre uma coisa", é melhor dizer "tive uma ideia, desenhei a ideia, mostrei para a minha mulher e os meus filhos e eles fizeram os seguintes comentários, quer dar uma olhada?" De repente, não são apenas divagações entusiasmadas e um pouco malucas de um colega. De repente, é algo que tem um pouco mais de credibilidade, um pouco mais de futuro. Então acho que o jeito de fazer as coisas andarem dentro de uma organização é torná-las tão reais quanto é possível.

CAPÍTULO 5

De volta para o futuro

O campo de jogo da inovação se ampliou. Executivos de todo o mundo buscam as últimas inspirações e os mais recentes *insights* em fontes cada vez mais diversas – dos esportes, das artes, das ciências. A inspiração não conhece limites.

Isso veio para nós quando conhecemos um dos melhores chefs de Londres, o CEO e chef executivo do Cinnamon Club, Vivek Singh. O Cinnamon Club fica localizado perto do Palácio de Westminster, em um prédio que costumava abrigar a Biblioteca Pública de Westminster. Singh é a força motriz culinária por trás da marca Cinnamon desde o seu lançamento.

Singh reinventou a cozinha indiana, oferecendo uma variedade de pratos originais que usavam os melhores ingredientes disponíveis em Londres em tradicionais receitas indianas.

Depois que o restaurante se tornou um sucesso, Singh poderia ter feito uma pausa para respirar e aproveitar os aplausos. Em vez disso, decidiu mudar o cardápio diariamente. O nível de expectativa aumentou.

"Um dos meus funcionários mais velhos veio falar comigo e disse: 'Chef, não é da minha conta, mas, com todo o respeito, você precisa tomar cuidado com o que está fazendo. Você está entregando tudo. Um dia, vai ficar sem ideias, e daí não terá mais valor. E vão se livrar de você. Você é jovem, é entusiasmado, eu respeito isso, mas você não precisa mudar os cardápios todos os dias'", Singh contou.

Ele pensava diferente. "Na verdade, quanto mais criamos, mais ideias temos. Sempre que nos encontramos, conversamos a esse respeito, e ele diz: 'Você tinha razão. Criando novos pratos, você nunca ficava sem ideias, mas tinha mais novas ideias', e eu acho que foi isso que descobrimos, e a nossa equipe acredita nisso. O desafio agora é corresponder às expectativas. Hoje, o sucesso comercial também está na agenda como parte dessas expectativas. Estamos constantemente inovando, nunca estamos parados".

Vivek Singh tem uma energia incansável. O próximo desafio nunca é rápido o bastante. Qualquer um que passe horas dentro de cozinhas fervendo precisa de energia para queimar. Singh é incansável em seu desejo de melhorar e reformular as coisas. Os pratos são excluídos e modificados e nunca são repetidos. "Se deixamos alguma coisa por muito tempo no cardápio, as pessoas ficam confortáveis em relação a ela. E depois que elas se sentem confortáveis com elas e começam a reconhecer isso, deixam de provar coisas novas e fazer experiências", disse Singh. "Para nós, a mudança é muito importante. Mudança é a constante dos nossos cardápios. Não importa o quanto sejamos bem-sucedidos, sempre nos tornamos vítimas do nosso próprio sucesso. Portanto, precisamos favorecer a mudança."

Os pratos mais populares são clinicamente eliminados. Ao final de cada ano, o prato de maior sucesso é tirado do cardápio e substituído. A mudança, ele explicou, garante que as zonas de conforto nunca se tornem permanentes. "Os pratos que mais vendem podem ser superestimados, podendo representar 40% das vendas. No Cinnamon Club, isso significaria que 40.000 pessoas estão pedindo um mesmo prato. Depois de um tempo, não importa a paixão do chef pelo que faz, o cansaço tomará conta e a empolgação, o amor e a paixão claramente não estarão mais lá.

A mudança mantém os chefs frescos. Na outra ponta, Singh age de forma igualmente inesperada e é contra mudar pratos simplesmente porque eles não têm saída. "O fato de algum prato não vender diz algo sobre as pessoas que vêm ao restaurante ou sobre as pessoas que o estão vendendo. Portanto, se algo não vende de jeito nenhum, quer dizer que ou a minha equipe não está sabendo explicar o prato ou as pessoas não estão se arriscando o bastante."

O outro lado da inovação

Continuando no tema da culinária, trocamos ideias de inovação com Vijay Govindarajan, conhecido como VG, em um de seus restaurantes preferidos.

Govindarajan, professor de negócios internacionais na Tuck School of Business do Dartmouth College, recebeu o prêmio de ideia revolucionária Thinkers50 de 2011 por sua ideia de projetar uma casa de 300 dólares.

Govindarajan publicou nove livros, incluindo os *best-sellers* internacionais *Ten Rules for Strategic Innovators*, *The Other Side of Innovation* e *Reverse Innovation*.

Govindarajan argumenta que as organizações são feitas para a eficiência, não para a inovação.

Por que o senhor diz que as organizações são feitas para a eficiência e não para a inovação?

Um lado da inovação é apresentar ideias. O outro lado é a execução. Foi aí que entendi a importância do assunto.

Pense em uma empresa como a New York Times Company. Durante 150 anos, ela se sobressaiu no negócio de jornais. Nesse negócio, eficiência é tudo. Em meados dos anos 1990, os gestores disseram: "Existe uma coisa chamada Internet, e é melhor a gente se reinventar na Internet". Assim, a empresa criou o New York Times Digital, que foi a forma encontrada para criar um modelo de negócio inovador na web. Neste caso, inovação é tudo, enquanto, no negócio principal, eficiência é tudo. Como se mantêm dois paradigmas conflitantes dentro da mesma empresa? Este é o verdadeiro desafio.

E eles são fundamentalmente conflitantes?

O negócio principal, o jornal impresso do New York Times, precisa ser passível de repetição e previsível. Quanto mais se puder tornar todas as atividades passíveis de repetição e previsíveis, mais eficiente se vai ser. Inovação é exatamente o oposto disso. Inovação se resume em sair da rotina e ser imprevisível. Esse é o conflito.

Grandes organizações não deveriam simplesmente desistir da inovação? Elas podem terceirizá-la e trazê-la de outro lugar.

Esse é o tipo de argumento de Schumpeter, da destruição criativa, com uma empresa sendo destruída por outra. Meu problema com essa premissa é que, se uma empresa não inovar, ela vai morrer, porque todo modelo de negócio tem uma vida finita. Como resultado disso, o ciclo de vida de uma empresa será semelhante ao ciclo de vida do modelo de negócio, e nós não queremos que isso aconteça.

Como o senhor define a inovação nessa esfera?

Para mim, inovação é se adaptar às mudanças e, voltando novamente ao exemplo da área editorial, uma das grandes mudanças foi a Internet, uma mudança tecnológica à qual é preciso se adaptar. É disso que se trata inovação.

Quais são os princípios que permitem que grandes organizações realmente inovem?

Acho que os princípios são muito simples. Eles são três. No entanto, muito embora sejam fáceis de falar, são difíceis de fazer.

Princípio número 1: quando se quer inovação, é preciso criar uma equipe dedicada que seja separada do negócio principal.

Princípio número 2: a equipe dedicada, embora separada, não pode ser isolada. Ela precisa trabalhar em parceria com o motor de desempenho da empresa, suas competências essenciais.

Princípio número 3: inovação, por definição, é uma experiência, e experiências têm resultados desconhecidos. Portanto, não julgue a equipe de inovação com base em seus resultados, mas em sua capacidade de aprender.

O primeiro princípio parece um pouco com a ideia de equipes de ponta, que é antiga. De que forma o que o senhor sugere é diferente disso?

Não é o conceito de equipe de ponta, porque nesse caso se diz: "Vamos mandar a equipe de inovação para o porão, bem longe do negócio principal", enquanto que o que estamos dizendo é que a inovação precisa ser uma atividade que seja uma parceria entre uma equipe dedicada e o motor de desempenho. Portanto, não se pode isolar os inovadores. Eles precisam trabalhar em colaboração próxima com o negócio principal.

O motor de desempenho é algo de que o senhor fala muito. O que quer dizer com isso?

O motor de desempenho é o negócio principal, porque toda organização tem um negócio estabelecido. O negócio estabelecido é a base, e nunca queremos que a base quebre. Portanto, o motor de desempenho precisa realmente manter a excelência, porque inovação é apenas uma experiência para o futuro, enquanto o motor de desempenho é a base para o presente, é o que produz o dinheiro que pode ser investido em inovação.

Qual é o papel da liderança nisso?

A liderança é extremamente importante, porque quando dizemos que inovação é uma parceria entre uma equipe dedicada e o motor de desempenho, o líder precisa garantir que essa parceria seja saudável, já que existem pontos naturais de conflito. O motor de desempenho é basicamente rotina e previsibilidade. A equipe dedicada é basicamente falta de rotina e imprevisibilidade. Portanto, quando se tenta fazer essas duas coisas funcionarem juntas, há conflitos.

Uma maneira de evitar conflitos é manter os dois grupos separados – esta é a abordagem de equipes de ponta –, mas com isso se perde a vantagem do negócio estabelecido. Assim, mantê-las juntas e gerenciá-las de maneira criativa é o papel do líder.

Quais foram os resultados da pesquisa que realmente o supreenderam?

Tivemos uma grande surpresa. Quando começamos a pesquisa, pensamos que precisaríamos de diferentes estruturas de execução para diferentes tipos de inovação. Há inovações incrementais de produtos, inovações radicais de produtos, inovações sustentadas, inovações de modelos de negócios, todos os tipos de inovação. Então, pensamos que a execução seria diferente para os tipos diferentes. Porém, o que descobrimos foi que os três princípios que estabeleci na realidade se aplicam de forma generalizada. Um manual de estratégia é o suficiente para implementar qualquer tipo de inovação.

O senhor está otimista que as multinacionais irão aprender as lições que apresenta?

Sem dúvida, porque, frequentemente, quando conversamos com empresas, elas nos dizem que a maior dificuldade é a execução. Existem dois tipos de execução: a execução do dia a dia, que é o que faz o motor de desempenho, e a execução da inovação. São disciplinas completamente diferentes, e as empresas são muito boas em execução do dia a dia. O que efetivamente lhes faltava era um sistema de referência, um conjunto de ideias e *insights* para a execução da inovação.

O ensino nas escolas de administração não contribuiu com o fato de as organizações estarem focadas na eficiência e não na inovação?

Acho que toda essa noção de inovação é um fenômeno relativamente novo, uma nova ênfase. Mesmo a administração, como disciplina, é um fenômeno relativamente novo. Quando começamos, em meados dos anos 1970, o conceito de estratégia era, como descrito pelo modelo das cinco forças de Michael Porter, "estratégia é estabilidade". Para Porter, era preciso encontrar uma posição dentro do seu setor e então erguer barreiras de entrada para proteger essa posição. Foi apenas em meados da década de 1990 que dissemos que estratégia é instabilidade: trata-se de realmente criar a mudança, de inovar de verdade. Portanto, como essa noção de inovação estratégica tem apenas cerca de 15 anos, os estudos em torno de sua execução são ainda mais recentes.

Toda a área de execução é interessante, porque é o motivo de orgulho dos gestores, mas o senhor está dizendo que eles são bastante míopes.

Quando dizem que se focam na execução e que são bons nisso, eles se referem a serem bons na execução do dia a dia. A execução da inovação, na verdade, é fundamentalmente diferente. A metodologia da execução do dia a dia mata a inovação. Portanto, eles conhecem apenas uma metade da equação. O que estamos dizendo a eles é que existe uma outra metade.

Um dos problemas da inovação é: como ensiná-la?

A inovação tem dois componentes, como eu disse. Um lado da inovação são as ideias, a criatividade. Talvez isso seja difícil de ensinar, já que a criatividade pode muito bem ser algo como uma arte, algo com o que se nasça, embora haja quem diga que também é possível estruturar o processo, de modo a se tornar mais criativo. Mas o grosso da inovação é a comercialização da criatividade, e a comercialização da criatividade pode ser ensinada, porque existe um processo disciplinado através do qual se pode transformar uma ideia em um grande negócio. Portanto, essa parte, na verdade, pode ser ensinada. É possível ensinar inovação.

É irônico que as raízes de algumas das grandes corporações de hoje estejam na inovação. As empresas automobilísticas, por exemplo, eram inovadoras no começo do século XX, mas supostamente perderam o contato com a inovação.

Na verdade, isso é uma ironia em relação a qualquer empresa, porque quando se é uma *startup*, a única forma pela qual se pode ter sucesso é sendo inovadora. Se não tem uma ideia inovadora, morre. As empresas que nascem apenas serão bem-sucedidas se forem inovadoras. O que elas esquecem é que precisam continuar no processo, porque se paramos de inovar em qualquer momento, morremos. Então, de alguma forma, você tem razão ao dizer que precisamos voltar à base e dizer: "O que era que tínhamos naquele tempo que nos tornava tão inovadores e como podemos manter esse espírito ou trazer esse espírito de volta?"

Os mais cínicos diriam que, na realidade, a inovação provavelmente é superestimada e que as empresas de sucesso normalmente não são as mais inovadoras, mas a segunda empresa ao chegar ao mercado – como, por exemplo, a Amazon. Esse argumento, de que as empresas que chegam em segundo lugar ao mercado podem ser as mais bem-sucedidas, foi elaborado por Costas Markides, da London Business School.

Eu responderia da seguinte maneira: defino inovação como a adaptação à mudança. É bem possível que alguém tenha se arriscado primeiro e cometido muitos erros e que você possa aprender com esses erros. Portanto, você consegue comercializar ou pegar aquela ideia e transformá-la em um sucesso. Nosso foco não é se você é o primeiro ou o segundo. Nosso foco diz que, quer você seja o primeiro ou o segundo, o desafio da execução continua sendo o mesmo.

Sabedoria reversa

Em 2008, Govindarajan pediu uma licença da Tuck para entrar para a General Electric (GE) durante 24 meses como o primeiro professor residente da empresa e consultor-chefe de inovação.

Na GE, o papel de Govindarajan era triplo: ensinar, guiar e fazer consultoria com gestores da GE em suas práticas de inovação e seus principais projetos. Govindarajan também trabalhou com Jeff Immelt, o CEO da GE, para produzir o artigo "How GE

Is Disrupting Itself" para a *Harvard Business Review* (Setembro de 2009).

O artigo, escrito com Immelt e seu antigo colaborador Chris Trimble, apresentou o conceito de inovação reversa – no qual, ao contrário das expectativas convencionais, é dito que a inovação ocorre em mercados emergentes e depois é levada de volta para países desenvolvidos. A inovação reversa foi considerada pela *Harvard Business Review* como uma das grandes ideias da década. O livro *Reverse Innovation* (com Chris Trimble) foi publicado em 2012.

Quando conversamos com Vijay Govindarajan, começamos perguntando a ele sobre o conceito de inovação reversa.

Como o senhor explica o conceito de inovação reversa?

Se pensarmos historicamente, as empresas globais inovaram em seus mercados de origem, que são o mundo desenvolvido, e levaram os produtos que inventaram para os países em desenvolvimento. A inovação reversa é simplesmente fazer o contrário: inovar em mercados emergentes e depois levar essas inovações de volta para os mercados desenvolvidos.

Então é o oposto da glocalização, uma palavra medonha que foi a grande ideia dos anos 1990?

Sim, sem dúvida. E o motivo pelo qual a glocalização funcionou historicamente é que, nos anos 1980 e 1990, empresas americanas estavam levando seus produtos para a Europa e o Japão, onde os clientes eram parecidos com os clientes dos Estados Unidos. Mas isso não funciona em mercados emergentes, porque toda a estrutura do mercado e os problemas dos clientes são fundamentalmente diferentes.

Basta olharmos para o PIB per capita. Na Índia, é 800 dólares. Nos Estados Unidos, 50.000. Portanto, não há produto que seja feito nos Estados Unidos, onde a renda do mercado de massa é de 50.000 dólares, que se possa adaptar e vender na Índia, onde a renda per capita do mercado de massa é de 800 dólares.

O senhor pode dar um exemplo da inovação reversa da GE em ação?

Pense, por exemplo, na máquina de ultrassom. Nos Estados Unidos, uma máquina dessas se parece com um eletrodoméstico. É imensa, volumosa, custa entre 100.000 e 350.000 dólares e pode realizar funções bastante complexas.

Agora, pense na situação da Índia: 60% da população vive em regiões rurais onde não existem hospitais, de modo que os pacientes não podem ir ao hospital. Em muitas regiões da Índia, o hospital precisa ir até o paciente. Isso quer dizer que não se pode usar aquelas máquinas imensas. A máquina precisa ser portátil.

Mais uma vez, o que os clientes podem pagar é diferente. Então, o que a GE fez foi criar uma máquina de ultrassom de baixo custo que custa em torno de 15.000 dólares, uma fração do valor das máquinas imensas que a GE vende nos Estados Unidos, e isso abriu um enorme mercado na China e na Índia.

E essa mesma máquina portátil de ultrassom agora está vindo para os Estados Unidos, criando novas aplicações. Esse é um ótimo exemplo de inovação reversa.

Até relativamente pouco tempo atrás, a Índia não representava apenas 1% dos mercados da GE?

Isso é bem típico da maior parte das multinacionais, porque elas vendiam os produtos dos Estados Unidos em países como a Índia e a China. Ou seja, elas estavam capturando 1% das oportunidades nesses países e, portanto, esses países representavam apenas 1% de suas receitas globais. Mas, indo em frente, esses mercados emergentes irão representar uma imensa oportunidade de crescimento. Na verdade, eu diria que, nos próximos 25 anos, a maior oportunidade de crescimento para as multinacionais será a mudança dos clientes de países ricos para países pobres.

E isso muda o foco da inovação de institutos de pesquisa e desenvolvimento nos Estados Unidos, por exemplo, para criar inovações na Índia, localmente?

Sem dúvida, a maior mudança para as multinacionais norte-americanas ou europeias é desviar seu centro de gravidade para onde a próxima inovação irá acontecer. É um desafio organizacional. É preciso alocar os recursos para onde estão as oportunidades. É preciso localizar o desenvolvimento de produto. É preciso localizar a origem. É preciso localizar a capacidade de marketing estratégico. Esse é provavelmente o maior problema de mentalidade das multinacionais.

Há quanto tempo a GE vem praticando a inovação reversa?

É um conceito relativamente novo. Eu diria que ele efetivamente pegou nos últimos cinco anos, porque essa grande mudança não linear, em que os clientes deixam de estar em países ricos para estarem em países pobres, é um fenômeno que vem acontecendo ao longo dos últimos cinco anos. A Índia e a China abriram suas fronteiras nos últimos 15 anos, mas, na realidade faz apenas cinco anos que estamos vendo a grande e sólida classe média surgindo nesses países.

A inovação reversa parece uma ideia sensata. O que a bloqueia dentro das grandes organizações?

O maior problema de ter a inovação reversa funcionando em grandes empresas provavelmente é o sucesso histórico dessas empresas. Nós falamos sobre a glocalização, que é vender um produto global com algumas adaptações em mercados locais, mas a glocalização exige uma arquitetura organizacional diferente. Dessa maneira, quanto mais sucesso se obtém com a glocalização, mais difícil será realizar um bom trabalho com inovação reversa. Esse é provavelmente o maior gargalo: o sucesso histórico.

A GE encontrou esses gargalos e problemas?

Sem dúvida. Houve, por exemplo, um executivo na Índia – chamado Raja – que era chefe da GE Saúde indiana. Cinco anos atrás, seguindo o modelo da globalização, sua principal responsabilidade era distribuir produtos globais. E se ele precisasse desenvolver um novo conceito para resolver os problemas de saúde dos consumidores indianos, em primeiro lugar, tinha que fazer isso nos finais de semana, porque, durante a semana, ele estava ocupado vendendo produtos globais. Mas, mesmo que ele elaborasse a proposta num final de semana, ele teria que vender a ideia ao chefe de produtos globais, que ficava em Milwaukee,

Estados Unidos. O chefe provavelmente jamais havia visitado a Índia, e não compreendia os problemas da Índia rural. E mesmo que Raja pudesse tê-lo convencido, haveria muitas outras pessoas que ele precisaria convencer. Portanto, era um imenso desafio organizacional.

Nesse caso existe também um imenso desafio cultural, porque para o sujeito que está em Milwaukee, isso não parece uma boa notícia. Mas parece uma boa notícia para as pessoas da Índia, porque torna seus empregos mais interessantes, e a oportunidade é maior.

Acho que você tocou na questão-chave. É uma transformação cultural, e precisa mudar no topo. Em favor dele, é preciso dizer que Jeff Immelt visita a Índia e a China e encoraja os CEOs de diversas empresas a visitar esses países.

Quando Jeff Immelt se reúne com o premiê chinês e conversa com ele sobre as prioridades nacionais, obtém informações em primeira mão sobre as possibilidades na China. Quando se reúne com CEOs de empresas indianas, começa a compreender o que é preciso para ter sucesso na Índia. Esse tipo de compreensão em primeira mão por parte do CEO é o ponto de partida para realizar essas mudanças culturais.

Então isso realmente muda o trabalho de líderes americanos e europeus em empresas como a GE? Eles desempenham um papel diferente agora?

Eles desempenham um papel diferente, e, na realidade, trata-se da criação de um novo modelo mental global. Eu acho que apenas as empresas que tenham líderes com modelo mental global conseguirão obter sucesso nesta nova era, em que a oportunidade passou dos mercados desenvolvidos para os mercados em desenvolvimento.

Historicamente, 15 anos atrás, empresas globais costumavam pensar em suas estratégias globais em termos de estratégia para a Europa, os Estados Unidos, o Japão e o resto do mundo. Hoje, e mais adiante, elas precisam pensar em suas estratégias globais em termos de estratégias para os países do BRIC, o Oriente Médio, a África e o resto do mundo – e o resto do mundo inclui Estados Unidos, Europa e Japão. Essa foi a mudança de modelo mental.

O senhor acha que os executivos norte-americanos têm esse modelo mental global? Apenas 25% dos norte-americanos têm passaporte.

Acho que este provavelmente será o mais importante desafio para as multinacionais norte-americanas. Elas têm muito talento, mas será que têm talento com o modelo mental global? Eis a questão. Acho que o maior desafio para os CEOs das multinacionais norte-americanas é saber como absorver esse modelo mental.

Pensando nos CEOs anteriores da GE, Reg Jones, nos anos 1970, tornou-se conhecido pelo planejamento de portfólio, e Jack Welch tornou-se conhecido pelo Six Sigma e por muitas outras coisas. Como o senhor acha que Jeff Immelt entrará para a história?

Um dos aspectos interessantes da GE é que, quando o CEO muda, não é por motivos demográficos: o CEO envelheceu, então é substituído por outro. A mudança se dá porque a empresa quer fazer uma mudança. Na realidade, cada CEO instaura uma nova estrutura estratégica na empresa, não porque a estrutura anterior estivesse irrelevante, mas porque é um novo ambiente, um novo mundo. E a estrutura estratégica que Jeff Immelt está instaurando pretende incorporar a disciplina de inovação sem perder a disciplina de desempenho que Jack Welch estabeleceu. E o legado de Jeff Immelt será julgado sobre com que competência ele conseguirá incorporar inovação em uma empresa que é conhecida pela eficiência.

A GE parece muito boa em romper consigo mesma se não há lugar para complacência, e isso tem sido a realidade dos últimos 100 anos, não?

Sem dúvida. Acho que é um dos aspectos extraordinários da General Electric. É uma empresa que tem mais de cem anos, e a única maneira que uma organização pode sobreviver por tanto tempo é tornando a si mesma obsoleta em termos de produtos e soluções. E essa é a verdadeira particularidade da GE: o fato de que está disposta a mudar, disposta a abraçar novas formas de competir.

O que o surpreendeu em relação à GE? O senhor não havia trabalhado tão perto de uma grande corporação antes, havia?

O que me surpreendeu de verdade foi que eu nunca imaginei que uma única pessoa pudesse exercer um impacto tão importante, principalmente em uma empresa grande como a GE, com mais de 300.000 funcionários. E o que eu descobri e me surpreendeu foi que, como alguém de fora, eu tinha algumas forças que alguém de dentro não tinha. Eu não tinha um cargo importante nem um grande orçamento, não estava gerindo um grande negócio; como estava entrando como acadêmico, meu ponto de vista era isento.

CAPÍTULO 6

A gestão da inovação

Administração não fica parada. A forma como os gestores administram na segunda década do século XXI é substancialmente diferente da forma como administravam no final do século passado. Mesmo assim, um chamado poderoso para a revolução em vez da evolução tem dominado a área da gestão nos últimos anos. Liderando esse chamado às barricadas de gestão estão Julian Birkinshaw, da London Business School, e Gary Hamel, mais conhecido como um dos autores de *Competing for the Future*. Eles focaram na importância da *gestão da inovação*, a capacidade de uma empresa de realizar mudanças fundamentais em sua própria forma de trabalhar. Observando o desempenho de organizações excepcionais, Birkinshaw e Hamel identificaram a gestão da inovação como um fator crucial mas amplamente desconsiderado. Como dizem:

Pensemos na ascensão da GE ao status de ícone nos primeiros anos do século XX. Essa ascensão foi provocada pela criação do primeiro laboratório moderno de P&D do mundo. Ao levar a disciplina da administração ao processo caótico da descoberta científica, a GE conseguiu levar mais novos produtos ao mercado do que qualquer um de seus primeiros concorrentes. Para tomarmos um exemplo contemporâneo, pensamos no longo e ininterrupto reinado da Toyota como o melhor fabricante de carros do mundo. Essa imensa realização deve tanto ao sucesso da Toyota em aproveitar as habilidades de solução de problemas de todos os seus funcionários quanto à superioridade tecnológica.

A gestão da inovação está no cerne do sucesso da GE e da Toyota. Inovar a forma como as coisas eram feitas nessas duas organizações – e muitas outras que descobrimos – foi fundamental para garantir a vantagem competitiva. Além disso, é notável que a vantagem obtida através da gestão da inovação foi algo muito difícil – às vezes impossível – de ser copiado pelos concorrentes.[1]

A pesquisa de Birkinshaw e Hamel, sob os auspícios do Management Innovation Lab (MLab), montado por eles, descobriu que há vários ingredientes vitais que sempre se unem quando ocorre gestão da inovação:

- Um ponto de vista do futuro distinto e original
- Um problema ou desafio claramente articulado que precise ser resolvido

- Um grupo central de pensadores hereges e realizadores que forçam a passagem das novas ideias pela organização
- Uma profunda compreensão das ortodoxias tradicionais que precisam ser superadas

A tirania da experiência

A visão de Hamel sobre gestão da inovação é típica de sua visão sobre inúmeros dispositivos através dos quais uma empresa determina seu curso e pode ser precisamente (ainda que de forma muito sucinta) resumida da seguinte forma: saia da sua zona de conforto. "A criação de estratégias deveria ser subversiva", ele disse. "Ótimas estratégias vêm de desafiar o status quo e fazer alguma coisa diferente."

O ímpeto por fazer isso acontecer, ele acredita, deveria vir dos postos mais altos: "O gargalo está no topo da garrafa. Os mais fortes defensores da ortodoxia estratégica são os gestores mais graduados, e a elaboração de estratégias precisa ser libertada da tirania das experiências deles". Para os que compreendem os processos estratégicos de uma empresa com muita rigidez, ele dá um conselho: "Elaboração de estratégia tem a ver com desapegar".

Qual é a pena que se paga por não desapegar? Segundo Hamel, é se deixar abater pelos dois assassinos do sucesso do século XXI: retração e incrementalismo. "A maior parte das empresas não tem qualquer estratégia que vá além da retração", ele afirmou. "A retração não compra crescimento, não compra um futuro. Na melhor das hipóteses, compra tempo."

O incrementalismo, na opinião de Hamel, talvez tenha tido seu espaço no último século. No começo dos anos 1980, as empresas buscavam crescimento e sucesso através de *downsizing*, achatamento, reengenharia e outros instrumentos da moda como qualidade total.

"Hoje, a meta de se tornar cada vez melhor está arraigada em nossa forma de pensar, em nossa linguagem, nossos mecanismos de recompensa, em tudo o que fazemos", ele diz, acrescentando que essas técnicas devem ser destinadas à lixeira da história. "Precisamos criar novas métricas. A maioria das métricas que as empresas usam – ROI, valor econômico agregado e assim por diante – nos leva a pensar simplesmente sobre melhorias incrementais. Ainda temos uma crença muito profunda em processos de gestão que são a antítese da inovação."

De alguma forma, essas novas métricas podem estar melhor relacionadas à presença de dois elementos inter-relacionados: os novatos e a paixão. As empresas precisam confiar nas "novas vozes" que emergem coincidentes com "a alta gestão abrindo mão da velha estratégia e introduzindo gente nova. Jovens e pessoas de grupos diferentes trazem riqueza e diversidade à formulação estratégica". Essa é, segundo ele, "a única forma de empresas estabelecidas renovarem sua perspectiva de sucesso... as mesmas pessoas falando sobre as mesmas questões levam à esterilidade; novas oportunidades surgem da justaposição de pessoas que costumavam ficar isoladas."

Quando isso acontece, a paixão faz sua contribuição crítica à estratégia de um tipo singularmente eficiente: "A estratégia em que se acredita apaixonadamente, que é competitivamente diferente e que é articulada detalhadamente na forma de agir."

Vantagem profunda

No mundo corporativo do século XXI de Hamel, a estratégia deve ser direcionada, acima de tudo, à inovação, e a inovação não pode nem ser relegada a departamentos como P&D nem ser limitada a campanhas periódicas de inovação corporativa. Em vez disso, deve ser uma preocupação constante em cada setor da empresa: "Meu argumento é que, quanto mais difícil os tempos econômicos, quanto maior a tentação de retrair, mais a inovação radical se torna o único caminho a seguir. Num mundo descontínuo, apenas a inovação radical criará riqueza".

A inovação radical não é a inovação do seu pai, do tipo encontrado quando "CEOs ... dizem que precisam inovar e põem a inovação como uma das duas ou três maiores prioridades". Segundo Hamel, o problema é que a responsabilidade para aqui: "Desça alguns níveis na organização e converse com funcionários de nível médio... é óbvio que a maior parte das empresas não institucionalizou a inovação de uma forma significativa... ela não é vista como responsabilidade de cada funcionário todos os dias".

No entanto, as recompensas de fazer isso são muito decisivas para o sucesso corporativo no longo prazo: "Empresas que se comprometem com a inovação – como Whirlpool, Cemex, Shell e algumas outras – terão uma vantagem profunda... Ao longo dos últimos 40 anos, empresas automobilísticas ocidentais não reconquistaram sequer um ponto de participação do mercado dos concorrentes japoneses".

Para evitar destino semelhante, segundo Hamel, "é preciso repensar fundamentalmente seus princípios de negócios mais básicos... a inovação precisa ser central no propósito das organizações. Precisamos treinar sistematicamente as pessoas em novas formas de pensar... precisamos fazer a reengenharia de processos de gestão para minimizar o tempo entre uma ideia e a criação de uma riqueza. Não é a cadeia de suprimentos que precisa ser reduzida e automatizada, mas sim a cadeia de inovação. Os verdadeiros inovadores nunca são limitados pelo que é; em vez disso, eles sonham o que poderia ser".

Hamel acredita que é nesses sonhos que reside o que ele chama de progresso econômico.

Há a inovação social, a inovação institucional, a inovação da tecnologia e, finalmente, a gestão da inovação. Foi a gestão da inovação que produziu verdadeiro progresso econômico. Até aprendermos como unir as pessoas, a fazer as coisas em escala de formas altamente produtivas, todas aquelas outras inovações eram ótimas, mas elas não resultavam em nada que realmente tenha mudado nosso padrão de vida. ... As evidências poderiam sugerir que a gestão da inovação – descobertas fundamentais na forma como motivamos, organizamos, planejamos, alocamos e avaliamos essas coisas – tende a produzir vantagens mais longas e duradouras.

Totalmente radical

A fala de Hamel sobre inovação de negócios no século XXI é pontuada pelo o uso recorrente da palavra radical, como em: "Você consegue visualizar mudanças radicais e de longo alcance na forma como os gestores fazem o que fazem?"

Embora líderes das empresas da Fortune 500 possam considerar a palavra inquietante, Hamel parece considerá-la lucrativamente provocadora, considerando que a Strategos, a empresa de consultoria que ele fundou no Vale do Silício, alega auxiliar nos esforços dos clientes com o objetivo de alcançar a "inovação radical".

Hamel alerta que a mudança radical e a inovação radical não são mais opções para as empresas. "A prática de gestão poderia mudar tão radicalmente ao longo das primeiras duas ou três décadas deste século como mudou durante a adolescência do século XX? Eu acredito que sim. Mais do que isso, eu acredito que ela deve fazer isso." Os desafios enfrentados pelos líderes do século XXI são pelo menos tão intimidantes, empolgantes e sem precedentes como os enfrentados pelos pioneiros industriais do mundo cem anos atrás."

Podemos esperar que a maioria dos líderes corporativos, contrariando os sentimentos expressos pelos Beatles, não estão entre aqueles que querem uma revolução que irá mudar o mundo. Hamel pode argumentar que o mundo mudou com ou sem as altas direções das empresas: "Apenas as empresas que são capazes de criar revoluções na indústria irão prosperar na nova economia".

Hamel se solidariza com o compromisso dos executivos: "Nós aprendemos a usar nossas prerrogativas dos cargos, nosso acesso ao poder e nosso profissionalismo elegante para vencer", ele escreveu em *The End of Management*. "Falar sobre revolução – especialmente sobre revolução de gestão – nos deixa inquietos. Imaginamos quem ficará no topo se as regras e os papéis da gestão forem virados de cabeça para baixo. No entanto, apesar de nossas reservas, ... o progresso real demanda uma revolução."

Não é surpresa, portanto, que um dos livros anteriores de Hamel tenha sido *Leading the Revolution*, no qual ele aconselha empresas a adotarem receitas hamelianas: estabeleça metas pouco razoáveis. Defina os negócios amplamente. Crie uma causa. Ouça os novatos. Divida empresas grandes em células. E assim por diante.

Hamel parece achar que poucas empresas acabarão seguindo seu conselho, ao dizer que "modelos de negócios verdadeiramente revolucionários em escala global não surgem todos os dias ou mesmo a cada década". Isso deverá mantê-lo altamente demandado por tantos anos quantos quiser trabalhar.

Hamel fala sobre Inovação

Durante uma conversa com Hamel, perguntamos:

O que está errado com a administração hoje que precisa ser refeito?

Acho que precisamos começar perguntando por que inventamos a administração em primeiro lugar? E normalmente não pensamos em administração como uma tecnologia, mas eu argumento que é uma tecnologia: é a tecnologia da realização humana, é o que usamos para fazer as coisas em grande escala como seres humanos. E, em alguns sentidos, a administração começa junto com a história; na realidade, a administração moderna foi criada há cerca de 100 ou 120 anos para resolver um problema primário, que é como fazer pessoas semicapacitadas ou analfabetas fazerem a mesma coisa sem parar cada vez com mais eficiência? Esse foi um problema importante a ser resolvido. O fato de que hoje você pode ter dois carros na garagem e um dispositivo digital em cada bolso, de que não está dedicando 80% do tempo cultivando seu próprio alimento, é graças àquele grupo de pioneiros da administração que descobriu como fazer coisas em grande escala de forma altamente produtiva.

Infelizmente, eficiência e fazer as coisas em grande escala não são mais os problemas mais importantes para a maior parte das organizações atuais. Elas se preocupam em se tornarem mais adaptáveis. Como nos tornarmos mais inovadores? Como envolvemos efetivamente as mentes e as energias criativas das pessoas que trabalham em nossas organizações? Esses são problemas que, de um modo geral, ficam de fora do escopo do velho modelo de Administração 1.0.

O senhor seguiu o que prega e criou um laboratório de gestão da inovação, o MLab.
Começamos a nos perguntar o que era equivalente, na administração, ao projeto genoma, a levar alguém até a lua ou a encontrar uma cura para a AIDS. Por que não podemos modificar drasticamente uma tecnologia que temos como certa? Perpetuamos as práticas e os princípios que nos acompanham nos últimos 100 anos. Portanto, na realidade, é um projeto que tem como objetivo acelerar a evolução dessa tecnologia. E a principal forma pela qual esperamos fazer isso é criando uma plataforma de inovação aberta, em que pessoas de todo o mundo possam contribuir com suas ideias revolucionárias sobre como podemos melhorar a alocação de recursos, a criação de planos, a definição da direção, a medição de desempenho, a compensação e a motivação de seres humanos. Mas o que estamos realmente tentando fazer é criar uma oportunidade para que qualquer pessoa tenha a chance de fazer administração.

E estamos falando especificamente sobre gestão da inovação, que é diferente da inovação propriamente dita. O senhor pode explicar exatamente qual é a diferença?
Sim. Acho que quase podemos pensar em uma hierarquia da inovação, por assim dizer. Na base, está

a inovação operacional – as coisas que as organizações fazem todos os dias para se tornarem incrementalmente mais eficientes e produtivas; muitas coisas acontecem em termos de TI, atendimento ao cliente e assim por diante. Em um nível acima disso, temos a inovação de produtos do tipo que produz a mais recente televisão de tela plana ou algum novo instrumento financeiro. Acima disso, temos a inovação do modelo de negócio, que foi a que criou o Facebook, a IKEA e a Southwest Airlines, por exemplo.

Mas no topo temos a gestão da inovação – descobertas fundamentais na forma como organizamos seres humanos de formas produtivas. E se voltarmos atrás nos últimos 100 anos ou mais de história industrial, o que descobriremos é que as mudanças mais significativas e duradouras de vantagem competitiva não vieram da inovação em produtos, tecnologia ou modelos de negócios, mas da inovação da própria administração.

Portanto, gestão da inovação é qualquer coisa que mude a forma que o trabalho de gestão é feito (como alocamos, planejamos, direcionamos e assim por diante) ou que mude quem faz esse trabalho. Em organizações de qualquer tamanho, a única forma de modificar o trabalho de gestão é modificando os processos, as rotinas que governam a forma como o trabalho é feito: a forma como encaminhamos uma solicitação de orçamento, como avaliamos um funcionário e assim por diante. Assim, a gestão da inovação na realidade é focada naqueles processos centrais que conduzem uma organização.

O senhor pode dar alguns exemplos?

Vou escolher três ou quatro exemplos que se destacam claramente. No começo do século XX, a General Electric trabalhou com Thomas Edison para criar os primeiros laboratórios de P&D do mundo. As pessoas vinham trabalhando com ciência havia muito tempo, mas a GE levou a disciplina da administração para a ciência. Assim, Edison podia dizer que eles poderiam criar uma pequena descoberta a cada seis semanas e uma grande a cada seis meses. Até então, ninguém jamais havia estabelecido um calendário para a ciência. Dentro de duas décadas, a GE tinha mais patentes industriais do que qualquer outra empresa no mundo.

Avançando aproximadamente duas décadas, a General Motors era um imenso império, sem economias de escala ou escopo. O presidente da empresa na época olhou para um jovem funcionário, Alfred Sloan, e perguntou: "Como fazemos para dar alguma ordem a esse caos?", e ele inventou a noção da organização divisionalizada – política financeira centralizada, mas operações descentralizadas. Isso se tornou o modelo para todas as empresas com múltiplos negócios a partir de então. Toda grande organização tem um pouco do DNA da General Motors dentro de si. Infelizmente, foi a última vez que a GM foi uma legítima inovadora na administração.

Um pouco mais recentemente, há 37 anos, um dos grandes avanços da Toyota foi a noção de solução de problemas com foco no funcionário. Assim, como pegar funcionários de primeira linha, ensinar a eles controle estatístico de processos e análise de Pareto e defini-los como responsáveis por melhorar a qualidade, a eficiência e assim por diante ao longo do tempo? É um rompimento radical com o passado. Mais recentemente, vimos coisas como a inovação aberta. Acho que até uma década atrás, se fizéssemos uma pesquisa com mil CEOs de todo o mundo perguntando "Você pode imaginar um tempo em que uma confusão de voluntários ao redor do mundo com pouca obediência à hierarquia ou aos processos formais de gestão conseguirão criar coisas tão complexas como um sistema operacional de computador com milhões de linhas de código?", muitos deles teriam tido dificuldade de imaginar que isso pudesse ser verdade. Esses são alguns poucos exemplos de mudanças extraordinárias na forma como pensamos sobre administração. E quando recuamos e olhamos para o modo como muitas dessas mudanças aconteceram, descobrimos que elas frequentemente envolveram uma colaboração bastante próxima entre um gestor muito progressista e alguém oriundo do mundo acadêmico, tal como Frederick Taylor ou W. Edwards Deming, trabalhando juntos para fazer experiências e tentar coisas novas.

Mas, com tristeza, vejo que, ao longo das últimas duas décadas, nós perdemos essa ideia experimental de "vamos simplesmente tentar coisas novas" na nossa forma de administrar, liderar, organizar, planejar e alocar. Parte do que estou esperando conseguir fazer, tanto dentro das organizações quanto na comunidade de ensino de administração, é reacender esse espírito de aventura e experimentação na forma como fazemos o trabalho da administração.

Isso acontece porque as pessoas estão sob muita pressão? Acontece porque temos essa fixação com o curto prazo, com CEOs precisando enviar relatórios constantes a Wall Street dizendo "Os lucros subiram novamente"? Isso não nos deixa sem qualquer espaço para experimentar?

Acho que isso certamente exerce uma pressão sobre as organizações, e, às vezes, dificulta que experimentemos coisas que não tenham uma recompensa imediata. Mas eu teria dito que a força muito maior que nos segura são os nossos arraigados modelos de gestão. A verdade é que se pensarmos em administração como uma tecnologia, se avaliarmos sua evolução ao longo dos últimos 100 anos ou mais, descobriremos que ela segue a clássica curva S, em que há muita inovação no começo e depois se estabiliza.

Ao longo da minha vida, certamente a forma como administramos as nossas organizações praticamente não mudou. Se pudéssemos, de alguma forma, ressuscitar um CEO dos anos 1960 e o puséssemos num cargo executivo, certas coisas o surpreenderiam – o ritmo dos negócios e a quantidade de informações que ele teria com um click –, mas muito da forma como administramos seria bastante familiar para ele. A hierarquia ainda se parece muito com o que sempre foi, pessoas com importantes títulos e altas posições ainda tomam as grandes decisões, o poder basicamente flui de cima para baixo, as credenciais determinam a participação de veiculação, a definição de orçamento funciona como sempre funcionou e assim por diante. De fato, quando vamos de uma organização a outra, mesmo hoje, descobrimos que a tecnologia da administração varia muito pouco de uma empresa a outra.

É por isso que um CEO pode migrar de um setor para outro – alguém pode sair da liderança da Nokia e passar a presidente da Shell –, e quando ele entra em sua sala de trabalho, as alavancas e os indicadores estão basicamente no mesmo lugar. O que, aliás, é outra forma de dizer que a maior parte das organizações não tem uma vantagem administrativa. Apesar de todo o trabalho e toda a energia que dedicam a todos aqueles processos, muito pouco de tudo isso cria alguma coisa que seja verdadeiramente diferenciada em termos de capacidade organizacional.

Mas por que a administração parou de evoluir? Há duas hipóteses possíveis. Uma é que já resolvemos todos os problemas realmente complicados: sabemos como administrar essas grandes organizações globais com pessoas ao redor do mundo e conseguimos coordenar projetos imensos, de modo que nada mais é novo para ninguém. A segunda e mais provável hipótese é a de que somos todos reféns das mesmas crenças prontas que herdamos de ex-CEOs, gurus da administração e pioneiros, a maioria dos quais estão mortos, aposentados ou afastados há muito tempo. Nós simplesmente supomos que essa é a única maneira de fazer as coisas até que apareça alguém que nos diga que talvez exista uma forma diferente de agir.

O resgate da gestão

Como sugerem as observações de Hamel, recentemente, a gestão foi tão subestimada que frequentemente é vista como periférica e profundamente enraizada em uma entediante burocracia. Isso presta um sério desserviço à gestão. Ela é, de fato, importante.

"Para muita gente hoje, a palavra *gestão* invoca imagens de hierarquia, controle e procedimentos formais, por motivos que não têm nada a ver com o significado básico do termo. 'Gestão' e 'grande empresa industrial' se misturaram nos anos 1920 e se mantêm amarradas uma à outra até hoje", lamenta Julian Birkinshaw.

Um modelo tão estreito de administração nos cega para a variedade de modelos alternativos de administração que existem. Equipes esportivas, comunidades sociais, organizações não governamentais (até mesmo famílias) operam com princípios bastante diferentes dos de grandes empresas industriais, e esses princípios alternativos são potencialmente muito úteis hoje.

Esta estreita definição também nos leva a supor, incorretamente, que grandes empresas industriais são inerentemente superiores a outras formas de organização. Sim, há certos processos industriais que são mais adequados a economias de escala e escopo, mas nós estaríamos compreendendo mal a história se partíssemos do pressuposto de que a produção em massa era o único modelo factível de organização industrial. Precisamos reconhecer que modelos de administração diferentes do modelo da organização hierárquica e burocrática têm seus próprios méritos importantes.

A administração está viva e passa bem, mas não é mais a administração criada e modelada por Henry Ford, Alfred P. Sloan e outros. Está mais fluida, mais flexível e poderosa do que jamais esteve – está mais inovadora.

CAPÍTULO 7

A liderança da inovação

No passado, a visão de inovação de um CEO costumava ser limitada pelo orçamento alocado para a divisão de P&D da empresa. A área de P&D era um espectro organizacional distante, de alguma forma além do alcance convencional ou da compreensão dos líderes da empresa.

Agora, com a inovação tendo se tornado questão para o CEO, concedendo liderança aos encarregados por inovação, é parte da responsabilidade da alta administração. O problema é que todos os que trabalham com inovação costumam desafiar a liderança tradicional. São pessoas inteligentes, especialistas em suas áreas, e, frequentemente, consideram como seus pares pessoas igualmente inteligentes fazendo tarefas semelhantes em outras organizações em vez de executivos da própria organização.

O desafio de conceder liderança a esses grupos é bravamente mapeado por Rob Goffee e Gareth Jones, em *Clever*. "Como isolar um grupo de indivíduos extremamente inteligentes e altamente criativos em uma organização e então inspirá-los não apenas a atingir o máximo de seus potenciais como indivíduos, como a fazer isso de forma a criar riqueza e valor para todos os seus *stakeholders?*", eles perguntam.

Se essas pessoas têm uma característica que as define é a de que elas reivindicam que não querem ser lideradas. Isso claramente representa um enorme desafio aos líderes corporativos. Executivos inteligentes podem não ter as respostas a todas as perguntas, mas os melhores entre eles compreendem o problema que é não administrar com eficiência o *know-how* intelectual e aqueles que o geram.

Jonothan Neelands é professor de educação criativa na Warwick Business School. Ele argumenta que as organizações precisam criar espaços abertos para promover inovação e criatividade. Isso, diz ele, está baseado em três conceitos:

O primeiro conceito é o *fluxo*. Proposto originalmente pelo psicólogo húngaro Mihaly Csíkszentmihályi, fluxo é o estado mental da operação em que uma pessoa realizando uma atividade fica completamente imersa numa sensação de foco energizado, completo envolvimento e prazer no processo da atividade. Pense em se perder tocando música, escrevendo ou praticando algum esporte. Segundo Csíkszentmihályi, fluxo é motivação completamente focada, de modo que o ser fique imerso na atividade.

Espaços abertos normalmente são espaços compartilhados com outros participantes ou colegas, de modo que há também uma abertura em termos de como nos mantemos juntos em espaços criativos. Fluxo é o estado desejado a que aspiramos. Isso levanta questões importantes para os negócios. Em especial, que formas de cooperação estimulam a criatividade social? O ânimo de aprender, trabalhar e criar em espaços abertos é subjuntivo – cheio de possibilidades, imaginações, conjecturas e possíveis começos.

Na melhor das hipóteses, é um espaço cooperativo sem coerção ou legislação externa. Capitalizamos nossas forças e diferenças. É um modo de troca diferenciado. É também um espaço público em vez de íntimo. Chegamos vestindo as máscaras neutras do cidadão, do profissional desinteressado ou do especialista. É importante que façamos isso e que a nossa cooperação seja indireta e impessoal.

Essencialmente, estar no fluxo é aceitar que nada é predeterminado ou inscrito em pedra. Nós – e nossos processos de negócios – estamos num estado fluido, e não sólido.

Muito relacionado ao fluxo, o segundo conceito implícito no aprendizado de espaço aberto é o da *diversão*.

A chave das transformações sociais na escala necessária para atender às demandas do século XXI é compreender como utilizar, em nosso mundo adulto, as estratégias divertidas das crianças, tanto com objetos quanto com a busca de metas socialmente divertidas e o uso inato da imaginação.

Existem pontos em comum entre as brincadeiras das crianças, os jogos de uma companhia de atores produzindo uma peça e a possibilidade que a brincadeira, como uma atitude em relação ao processo em vez de um evento, pode oferecer um modelo a outros grupos que estejam envolvidos com invenção criativa.

Portanto, diversão também é uma preparação para a necessidade de repetição e modulação no treinamento criativo e no trabalho. Não há punição por não se atingir uma meta predeterminada em uma brincadeira. As crianças aprendem a ter sucesso pela constante repetição e modulação. Elas mexem durante horas com as mesmas peças de Lego ou porção de argila, por exemplo, da mesma forma que um artista deve trabalhar durante horas para criar uma música original.

Junto com fluxo e diversão, o terceiro princípio do aprendizado de espaço aberto é estar juntos ou trabalhar como parte de um conjunto. É aí que a criatividade pessoal ou individual atravessa a fronteira para a criatividade de negócios. No local de trabalho, precisamos trabalhar como parte da organização maior. Embora existam oportunidades para o brilho criativo individual, o ego criativo precisa ser atrelado a – ou envolvido por – metas organizacionais.

Um dos primeiros e mais importantes aspectos desse tipo de união é o abandono da posição hierárquica. Portanto, no aprendizado de espaço aberto, o espaço é usado de forma flexível e menos hierárquica, e o conhecimento é considerado provisório, problemático e inacabado. Frequentemente, há uma "destituição" do poder do professor, líder ou diretor, e uma expectativa de que o aprendizado, ou o ensaio, será negociado e construído em parceria. O aprendizado de espaço aberto demanda confiança e reciprocidade entre os participantes, o círculo é a sua forma essencial. Essencialmente, o espaço é aberto aos outros; é um espaço público compartilhado que é organizado com o objetivo de negociar significados de forma social e artística.

Organização para a inovação

Criar organizações de acordo com esses preceitos é tarefa difícil para empresas que tenham sido construído o pensamento tradicional do século XX. Na busca por modelos alternativos, uma das fontes de inspiração mais populares é o mundo do design. Roger Martin defendeu o Design Thinking, e a abordagem da mundialmente conhecida empresa de design IDEO tem sido justamente celebrada.

A IDEO surgiu de um negócio iniciado por Bill Moggridge em Londres nos anos 1960. Quando a indústria britânica deu com os burros n'água no final da década de 1970, Moggridge procurou por trabalho em outros lugares. Encontrou-se no Vale do Silício, onde as coisas estavam apenas começando a ficar interessantes. Moggridge se uniu a outro designer, o norte-americano David Kelley. Não demorou muito para que as empresas de Moggridge e Kelley fossem complementadas por uma *spin--off* chefiada por outro designer britânico, Mike Nuttall. As três então se combinaram e viraram a IDEO.

A IDEO prosperou silenciosamente. No caminho, sobreviveu a ter sido considerada uma das empresas mais legais do mundo para se trabalhar e sobreviveu a elogios do guru norte--americano Tom Peters. "Finalmente aconteceu. Conheci uma empresa onde posso me imaginar trabalhando", disse Peters depois de visitar a sede da IDEO em Palo Alto pela primeira vez.

A empresa é diferente não por causa de seus designs – embora eles sejam inovadores –, mas por causa de sua cultura. Embora copiar as criações da IDEO seja algo tremendamente sem sentido e potencialmente ilegal, tentar emular sua cultura pode fazer muito sentido – mesmo que seja a coisa mais difícil de copiar.

A IDEO faz administração de gente grande. Sua inovação está na forma como funciona e na forma como é feita. A primeira coisa notável a respeito da empresa é que ela não se expandiu num ritmo vertiginoso. Na verdade, de um modo geral, ela praticamente não se expandiu. Apesar de ser internacionalmente enaltecida e lucrativa, a IDEO tem relativamente poucos funcionários.

O segundo ponto importante da administração de gente grande é o fato de que a IDEO se baseia em projetos. Em consonância com sua falta de disposição de crescer por crescer, equipes de projetos multidisciplinares mudam de projeto a projeto. Os projetos são sua cultura.

O folclore da empresa (retratado no livro de Tom Kelley *The Art of Innovation*) é repleto de histórias de carrinhos de supermercado sendo redesenhados em uma semana e de como a empresa desenvolveu o primeiro mouse de computador da Apple. Em meio a histórias sobre o desenvolvimento da primeira câmera automática descartável, a criação de uma linha de óculos multiuso e a reinvenção do interruptor de luz, não há qualquer menção sobre custos e lucros. A compreensão tácita é a de que o design brilhante que soluciona problemas traz retorno financeiro para a empresa e seus clientes. É design baseado no usuário. No coração do negócio está o uso de design thinking para ajudar os clientes a terem mais valor.

Outro elemento central da cultura da IDEO é o conceito de estúdio. O estúdio estilo IDEO não é uma linha de produção com uma fonte de criatividade que tudo sabe tudo vê sentado numa das pontas. O designer principal não fica entrando e saindo enquanto uma tribo de assistentes trabalha em torno de sua mais recente criação. A maioria das empresas de design são baseadas em um único indivíduo e fracassam quando esse indivíduo segue em frente. Outras se baseiam no confronto. A IDEO trabalha com críticas abertas ao trabalho das pessoas. A empresa acredita que parte de ser um estúdio é defender aquilo em que se acredita como verdadeiro. A formação da equipe da IDEO evoluiu sutilmente, especialmente nos últimos anos. O poder da IDEO foi pegar o que de outra forma poderia ter sido uma situação de "feudos" – designers não conversam com engenheiros, e nenhum dos dois grupos conversa com gente de áreas humanas – e criar uma cultura em que os membros da equipe respeitam uns aos outros.

De muitas formas, o estúdio de design, conforme a prática da IDEO, é um modelo organizacional sintonizado com nossos tempos. Em primeiro lugar, ele é pequeno e criativo. Também tem pouca hierarquia e muita comunicação e exige uma quantidade mínima de ego. Os designers da IDEO podem assumir o papel principal em um projeto específico e depois voltarem para um papel coadjuvante no projeto seguinte.

Manter essa cultura exige mais dedicação do que maluquices inovadoras. Tudo começa no processo de contratação. Em comparação a muitas outras organizações, o processo de contratação da IDEO é longo. São feitas três ou quatro entrevistas. Os candidatos então mostram seus trabalhos e os discutem com um grupo de funcionários da IDEO. Em seguida, conhecem todo o mundo e veem os projetos que estão em andamento para ver como eles interagem. Isso toma tempo, mas é fundamental, diz a IDEO. O processo quer saber como as pessoas irão se encaixar. As equipes sempre opinam.

O rigor que a IDEO usa nas contratações combina cada vez mais com a atenção que presta às avaliações de desempenho. A empresa realiza análises formais anuais baseadas em uma matriz de cinco elementos: conteúdo, cultura (trabalho em equipe e liderança de equipe), cliente, comércio, aconselhamento e liderança.

O caminho da inovação

O ambiente ideal para criatividade e inovação, sugerido pela IDEO e outras empresas, é bem distante da realidade corporativa. Isso claramente gera imensas repercussões sobre como as empresas devem ser organizadas e lideradas caso queiram ser inovadoras.

Então, como se concede a melhor liderança para a inovação? Conceder liderança intelectual sobre este tortuoso assunto é missão de Linda Hill, professora de Administração de Empresas na Harvard Business School. Ela é coautora, com Kent Lineback, do livro *Being the Boss* e autora de *Becoming a Manager*. Mais recentemente, sua pesquisa (junto com Greg Brandeau, Kent Lineback e Emily Stecker Truelove) avaliou excepcionais líderes de inovação em uma ampla variedade de indústrias – de TI e direito a design – ao redor do mundo.

Hill descreve a si mesma como uma etnógrafa. Ela está hoje em seu trigésimo ano na Harvard Business School e foi duas vezes finalista do prêmio Thinkers50.

Qual é o foco da sua pesquisa?

Eu estudo três coisas: como as pessoas aprendem a liderar, como as pessoas lideram inovação e como implementam estratégias globais. Sempre trabalhei em todas essas três linhas até certo ponto, mas a que tem mais significado para mim é a de liderança de inovação.

Por causa disso, um de nossos antigos reitores me pediu para fazer algumas coisas. Considerando que nossa missão é educar líderes para fazerem diferença no mundo, ele me pediu para ajudar a criar nosso primeiro curso obrigatório de liderança. Eu liderei essa equipe. Em segundo lugar, ele me pediu para ajudar a desenvolver nossa estratégia de ensino a distância. Como isso ocorreu no final da década de 1990, ele foi um visionário e tanto ao compreender que a educação iria seguir por esse caminho e que nós precisávamos ser capazes de usar a Internet para entregar experiências educacionais, tanto aqui no campus como também, mais importante, para pessoas de todo o mundo. Essa foi uma ótima experiência para mim.

Seu trabalho é marcadamente internacional.
Eu normalmente saio do país umas duas vezes por mês, sempre quando não estou dando aula. Como meu pai era militar, frequentei o ensino médio em Bancoc e cresci pensando no mundo. Fui para a Índia pela primeira vez aos 14 anos e sempre tive essa ideia de querer estar lá fora, sentindo que há muita gente interessante no mundo.

Sou professora de administração porque sou fundamentalmente interessada em desenvolvimento econômico. Meu PhD é em ciência do comportamento, que é uma formação interdisciplinar, mas, na realidade, sou mais socióloga do que psicóloga.

Meus pais têm origem humilde, e eu, na verdade não sabia muito sobre negócios em si. Meus parentes eram mineradores ou operários de chão de fábrica, de modo que eu não sabia muita coisa sobre negócios.

O que sempre me interessou foi saber como criar organizações que permitam que as pessoas concretizem suas ambições. As únicas organizações que eu conhecia eram as educacionais. Estudei teoria do aprendizado na faculdade e depois fui para a Universidade de Chicago, onde conheci Jacob Getzels, que é considerado o pai da pesquisa sobre criatividade.

Na verdade, o primeiro projeto de pesquisa que fiz foi um estudo sobre criatividade e *brainstorming* quando eu era caloura na faculdade Bryn Mawr.

Portanto, durante toda a minha vida, tenho me interessado por criatividade. O Sr. Getzels (coautor de *Creativity and Intelligence,* de 1962), como nós o chamamos, foi um dos fundadores da pesquisa sobre criatividade. Ele era muito interessado em como projetar instituições educacionais que permitam às pessoas serem criativas. Trabalhei nos projetos dele, e um deles envolvia o estudo de artistas do Instituto de Artes de Chicago para ver quem era o mais criativo e por que e de que forma o ambiente organizacional afetava a sua criatividade.

Na época, a criatividade não era levada a sério a ponto de ser avaliada.

O Sr. Getzels costumava me dizer: "Qualquer que seja a teoria que você tem, Linda, se for uma boa teoria, ajudará as pessoas a resolverem um problema prático". Com isso, ele me ajudou a compreender que não havia, na realidade, diferença entre rigor e relevância. Não se pode ser relevante sem ser rigoroso, e como ser rigoroso a respeito de algo que não seja relevante? Isso não resolveria um problema?

Eu me interessava por problemas sociais complicados e em como as pessoas poderiam, sendo criativas, ajudar a resolver esses problemas. Assim, sempre fiz o caminho entre os negócios e outros setores porque me interesso muito por desenvolvimento econômico e em como ajudar a melhorar a vida e a subsistência das pessoas. A Harvard Business School tem sido uma plataforma incrível para mim, permitindo que eu circule e faça as coisas que quero fazer, tal como participar do conselho da Fundação Rockefeller e aprender a criar organizações para produzir uma vacina contra a AIDS e, além disso, tentar ajudar um executivo a entender alguma coisa sobre administração criativa.

E tudo isso leva ao seu trabalho atual.

Sim. Greg Brandeau, o antigo CTO da Pixar, Kent Lineback, Emily Stecker Truelove e eu passamos seis anos viajando pelo mundo, estudando 16 líderes que criaram equipes em organizações capazes de inovar rotineiramente.

De certa forma, esse projeto começou quando me pediram para escrever um artigo sobre como eu acreditava que seria a liderança no século XXI. Fui docente titular de um curso obrigatório de liderança durante mais de nove anos e estava preocupada que talvez não estivéssemos desenvolvendo o tipo de líderes de que precisávamos.

Eu estava passando bastante tempo na África do Sul e tive o privilégio de conhecer algumas pessoas que haviam estado na prisão com Nelson Mandela. Depois, conheci o próprio Mandela. Escrevi sobre ele e suas noções de liderança.

Em seguida, conheci uma pessoa que estava liderando o grupo de infraestrutura do Google. Percebi uma relação interessante entre o que significa liderar uma revolução e o que significa liderar uma grande inovação. As pessoas que estavam à frente desses grupos inovadores pensavam sobre liderança da mesma forma.

Mandela disse que um líder é como um pastor. Ele fica atrás do rebanho, deixando os mais ágeis seguirem em frente enquanto os outros os seguem, sem perceber que o tempo todo estão sendo direcionados de trás. E pessoas liderando grupos inovadores dizem mais ou menos a mesma coisa: não se trata de dizer "Eis aonde precisamos ir, e vocês me sigam", se trata de inspirar o grupo a me seguir, porque, fundamentalmente, eu não sei a resposta. Eu não sei aonde estamos indo. Então, não é disso que se trata a liderança. Liderar é criar esses grupos e equipes em que as pessoas estão dispostas e são capazes de resolver juntos problemas de maneira inovadora. Portanto, estamos tentando criar um modelo integrado para pensar nisso.

O que realmente me chamou a atenção é que ninguém escreve sobre o que os líderes fazem e como pensam a respeito de liderança considerando-se que inovação é a sua principal preocupação.

A liderança só começou a ser estudada a sério nas escolas de administração no começo dos anos 1990.

Sim. As pessoas acabaram pensando que liderança tem a ver com ser visionário. Mas quando falamos sobre inovação, toda aquela coisa de visionário carismático é um problema. A maioria das inovações é resultado de esforços colaborativos, de aprendizado movido pela descoberta e de tomadas de decisão mais integradas. As tarefas, os papéis e as responsabilidades dos líderes e seguidores são muito diferentes quando realmente pensamos em inovação como meta, quando descobrimos alguma coisa que não existe no momento, ou resolvemos alguns problemas.

Uma das coisas que sempre podemos ouvir sobre liderança é que, apesar de todos os programas executivos, todo o treinamento e todos os livros, faltam líderes. O mesmo acontece com inovação. Apesar de todos os livros e estudos sobre inovação, o assunto permanece em grande parte um mistério para a maior parte das organizações.

Sim. Acho que é porque as pessoas não compreendem de verdade a relação entre liderança, o que os líderes acham que deveriam estar fazendo e o que é realmente necessário para construir uma organização capaz de ser inovadora. São disciplinas desconectadas. Não acho que tenhamos muita noção a respeito do que um líder individual deveria fazer ou pensar ou sobre como as pessoas deveriam pensar em qual é o papel desse líder se ele deseja ser inovador.

Todo mundo tem vários gênios em sua organização. Como combinar esses gênios de forma integrada para pensar em soluções para problemas? Alguns diriam que ninguém iria querer tantos gênios, porque daí se tem o problema de muitos cozinheiros na cozinha. Mas existem organizações que descobriram como ter muitos cozinheiros na cozinha e conseguir fazê-los preparar uma refeição absolutamente incrível.

A Pixar tem sido um estúdio de muito sucesso financeiro, artístico e tecnológico, e isso realmente tem a ver com a forma como as pessoas lá dentro pensam a liderança. Nenhum lugar é perfeito, mas a Pixar tem uma maneira de pensar no que pretende fazer e no que consiste a liderança que permitiu que a empresa criasse uma cultura de comunidade com as competências que são essenciais à solução inovadora de problemas.

O que a surpreendeu ao longo da pesquisa?

Duas coisas me surpreenderam. A primeira grande surpresa foi a de que os campos de liderança e inovação eram muito separados, muito divididos em feudos.

A outra foi que, na primeira vez em que repassamos os dados, nós escolhemos temas sobre as normas das organizações, sobre como se devia interagir com as pessoas ou como se devia tratá-las. O que não percebemos até começarmos a olhar um pouco mais para as competências dessas organizações foi que também havia normas sobre como se deve pensar em um problema. Isso foi uma surpresa. Ao tentarmos explicar o que estávamos vendo em determinados ambientes, dissemos: "Não se trata de como você interage com as pessoas. Na verdade, tem a ver como você enquadra e resolve problemas". Porque essas organizações têm algumas normas sobre como se deve pensar nos problemas, e essa é uma das coisas que lhes permite vencer a dificuldade de ter muitos cozinheiros na cozinha.

Em muitos sentidos, parece que preferimos uma explicação simples de como a liderança da inovação funciona em vez de encarar a realidade complexa.

Acho que as pessoas gostam de simplicidade. As coisas precisam ser mais simples, em vez de mais complexas, e isso levou à adoração de um mito sobre como a inovação ocorre. Albert Einstein não trabalhava sozinho e teve um momento de iluminação. A inovação é colaborativa. Howard Gardner fala sobre o processo social e o ambiente que afeta a criatividade.

Eu acredito que liderar a mudança é diferente de liderar a inovação. Então, não existe uma maneira correta de liderar em todas as circunstâncias, e muito do trabalho de liderança *versus* gestão veio de organizações que começaram a fracassar de repente e precisaram ser renovadas e deram a volta por cima. Mudança não é exatamente a mesma coisa que inovação. De certa forma, são questões diferentes.

Como esse trabalho se relaciona com o seu livro Being the Boss?

Em *Being the Boss*, o segundo imperativo era administrar a própria rede. Muita gente, quando pensa em liderança, pensa apenas em gerir pessoas sobre as quais se tem autoridade formal. Mas, na organização de hoje, você também precisa pensar em gerir pessoas sobre as quais não se tem autoridade formal.

Isso me ocorreu depois de conversar com vários de meus ex-alunos e executivos com quem trabalhei e de observar os equívocos em comum. Por que eles não estavam percebendo seus potenciais e por que não tinham poder? Eles não estavam pensando em liderança de uma forma que os ajudasse a realmente tratar das questões necessárias – que se trata de si mesmo, da sua própria rede e da sua equipe.

CAPÍTULO 8

Onde a inovação encontra a estratégia

Como já vimos, inovação e estratégia costumavam existir isoladamente. Inovação era a reserva de um distante departamento de P&D, enquanto estratégia era responsabilidade de altos executivos na sede da empresa.

Não é mais assim. Agora, as duas coisas são vistas como parceiras, às vezes atuando de forma atrapalhada, mas quase sempre intensamente.

Encurtar a distância entre estratégia e inovação é a ideia do professor W. Chan Kim e de sua colega no INSEAD, professora Renée Mauborgne. Eles provavelmente fizeram mais para mudar nossa percepção de como estratégia e inovação combinam uma com a outra do que qualquer outro pensador das últimas décadas. Até hoje, o livro de 2005, *Blue Ocean Strategy* vendeu mais de dois milhões de cópias e foi traduzido para 43 idiomas, o que fez dele, pelo menos segundo algumas medidas, o livro de negócios mais bem-sucedido de todos os tempos. "Nós começamos avaliando empresas que tiveram sucesso em vencer a concorrência", explica o professor Kim. "Então passamos a pensar em como criar um novo espaço de mercado – as empresas precisam de uma forma para pensar e agir fora da caixa se pretendem bater a concorrência. Nossa ideia de 'processo justo' avalia a tomada da decisão da gestão e o que é necessário para promover e executar o pensamento criativo. Mais recentemente, pensamos em como identificar uma ideia de negócio vencedora e determinar em qual apostar. Qualificar uma ideia inovadora para ter sucesso comercial é um componente estratégico crítico de inovação de valor."

Como a senhora define inovação de valor?

Mauborgne: Inovação de valor é criar um conjunto inédito de vantagens a um custo mais baixo. Não se trata de fazer um *trade-off*, mas de perseguir simultaneamente tanto o valor excepcional quanto os custos mais baixos. ... O poder da inovação de valor está em envolver as pessoas para produzir sabedoria coletiva de forma construtiva. Inovação de valor significa que a extensão de desacordo se torna menor até que a criatividade exploda. A inovação de valor se preocupa fundamentalmente com a redefinição dos limites estabelecidos de um mercado. Se oferecemos aos compradores um valor altamente melhorado ou criamos um conjunto inédito de vantagens para dar origem a novos mercados, a concorrência perde a importância. Em vez de jogar no mesmo campo, criamos um novo.

Inovação de valor permite que as empresas transfiram a fronteira da produtividade para um novo terreno. Melhorias de valor são limitadas. A inovação de valor desafia suposições aceitas sobre determinados mercados, modifica a forma como os gestores moldam as possibilidades estratégicas.

A força motriz por trás da inovação de valor é a disposição das empresas de criar novos mercados?

Mauborgne: Fundamentalmente, é sim. Inovação ocorre em todas as indústrias, em todas as empresas. São forças universais. Portanto, é irrelevante categorizar as organizações por setores ou localização geográfica. No entanto, se analisarmos a literatura sobre estratégia, os limites da indústria são normalmente vistos como centrais – pense nas análises SWOT ou no modelo das cinco forças de Michael Porter.[1]

Os movimentos certos

Outro pensador que está localizado na intersecção da estratégia com a inovação é Costas Markides. Markides é professor de administração estratégica e internacional e detém a cadeira de Liderança Estratégica na London Business School.

"O que aprendi depois de duas décadas de estudos", ele diz, "é que inovação e sucesso continuado dependem do líder da organização estar disposto a promover ações drásticas, mesmo quando a empresa estiver se saindo muito bem."

Isso não vai arrancar gritos de protesto dos acionistas, analistas e outros eleitorados importantes? Sim, Markides admite, "E, no entanto, esse é exatamente o momento certo para as organizações rejuvenescerem. O problema com as empresas é que, quando estão em ascensão, elas nunca fazem mudanças. Quando elas fazem mudanças? Quando estão em queda, e daí costuma ser tarde demais."

Markides, autor de *All The Right Moves: A Guide To Crafting Breakthrough Strategy* (2000); *Fast Second: How Smart Companies Bypass Radical Innovation To Enter And Dominate New Markets* (com Paul Geroski, 2005); e *Game-Changing Strategies: How To Create New Market Space In Established Industries By Breaking The Rules* (2008), explora o desafio de como empresas estabelecidas podem inovar seus modelos de negócios, bem como reagir à ameaça decorrente da introdução de um novo modelo de negócio.

Construa um muro

Markides afirma que as habilidades, mentalidades e atitudes necessárias à inovação revolucionária não apenas são diferentes das exigidas para o sucesso continuado em mercados existentes como também são contrárias a eles. Empresas boas em inovação provavelmente não serão boas em sucesso continuado.

Além disso, empresas grandes e estabelecidas não têm as habilidades e as mentalidades necessárias para criar mercados radicalmente novos, nem podem desenvolver rapidamente essas habilidades e essas mentalidades, porque elas entram em conflito com as habilidades e as mentalidades que as empresas têm e precisam ter em seus negócios existentes. No entanto, essas corporações têm as habilidades e as mentalidades necessárias para dominar novos nichos de mercado desenvolvidos por outros e elevá-los a mercados de massa.

Como podemos reconciliar essas diferenças? Markides recomenda manter a área estabelecida e a área empreendedora separadas. Trace uma linha. Construa um muro. O caráter exato da divisão é qualquer uma das inúmeras alternativas que podem funcionar para a empresa.

Markides emprega basicamente o mesmo raciocínio para alertar que as empresas estabelecidas mantenham distância da suposta vantagem do pioneiro – de tal forma, na verdade, que ele, junto com Paul Geroski, rejeitou a ideia de que há uma vantagem em ser pioneiro. Ele sustenta que os conjuntos de habilidades das empresas mais estabelecidas têm muito mais habilidade de ampliar mercados recém-criados que tenham sido desbravados por outros.

"Pense na Microsoft", diz Markides. "O que ela criou? A resposta é basicamente nada. O que a Microsoft fez foi pegar as criações dos outros e ampliá-las para mercados de massa." Isso não é ruim, segundo Markides. Não pioneiros como a Microsoft são o que o autor chama de segundos colocados velozes. Empresas que criam novos mercados raramente são as que os ampliam para mercados de massa. Este é o reinado dos segundos colocados velozes.

O segundo colocado veloz pode habilmente invadir e tomar conta de um novo mercado. "As habilidades, mentalidades e competências necessárias à descoberta e à invenção não são apenas diferentes das necessárias à comercialização", ele sustenta, "mas também entram em conflito com as características necessárias. Isso quer dizer que as empresas boas em invenção provavelmente não serão boas em comercialização e vice-versa."

Sob esse aspecto, Markides prefere uma visão mais ampla do que constitui inovação. "Eu acredito que inovação é duas coisas: a criação de algo e também, e mais importante, a comercialização, o aumento da escala desse algo."

Com essa perspectiva sobre inovação, o imperativo da inovação contínua para empresas estabelecidas não é o que sempre imaginamos ser: criar novos modelos de negócios radicais. Na verdade, não está de forma alguma no âmbito da criatividade, mas no de pegar as criações dos outros e aumentar suas escalas para o mercado de massa.

A tarefa, que Markides chama de comercialização, é a especialidade dos segundos colocados velozes. Infelizmente, eles costumam desperdiçar recursos com esforços para alcançar as realizações criativas das *startups* inovadoras. Markides acredita que essas tentativas são inúteis. Em vez de revelarem criatividade, revelam arrogância corporativa – e tudo por nada.

Os segundos colocados velozes deveriam, em vez disso, compreender que sua competência central está na consolidação e em ficar satisfeito em capitalizar em cima disso. Na verdade, Markides observa que "é aí que está o dinheiro". Isso não significa que empresas estabelecidas não possam garantir o acesso a inovações radicais. Elas podem "criar, manter e cultivar uma rede de empresas alimentadoras". A controladora "pode servir como um investidor de risco para essas empresas alimentadoras". Quando chega o momento de consolidar, a controladora pode criar um novo negócio de mercado de massa sobre a plataforma fornecida pela empresa alimentadora.

Modelos de negócios conflitantes

Empresas grandes e estabelecidas também são frequentemente atacadas por ousadas *startups* que conseguem conquistar fatias de mercado empregando modelos de negócios completamente novos. Markides reconhece que novos modelos de negócios podem criar mercados inteiramente novos, "então, são boas inovações".

Problemas surgem, no entanto, porque "empresas estabelecidas normalmente são ruins em descobrir novos modelos de negócios." Além disso, "elas também têm muita dificuldade de reagir aos modelos que os novatos usam para atacar os mercados estabelecidos".

Markides observa que isso é de se esperar. "Novos modelos de negócios entram em conflito com os modelos de negócios estabelecidos de empresas estabelecidas" – por exemplo, há conflitos de canibalização, de distribuição, conflitos culturais, de incentivo e assim por diante. "Não importa quantos bons conselhos se dê a empresas estabelecidas sobre descobrir novos modelos de negócios, elas dificilmente farão isso. Por que descobrir algo que destruirá meu negócio ou alienará meus distribuidores?"

Assim, se a empresa estabelecida não obtiver sucesso respondendo ao novo modelo de negócio de um concorrente destrutivo com seu próprio novo modelo de negócio, que tipo de reação pode funcionar? Markides sugere duas respostas possíveis: "Destruir o destruidor ou jogar dois jogos ao mesmo tempo".

Quanto à primeira resposta, "As empresas estabelecidas que reagem com sucesso olham para o destruidor e definem o que podem fazer para destruí-lo". Foi o que a Nintendo conseguiu fazer com seu bem-sucedido Wii. A Nintendo "era um concorrente tradicional estabelecido" na área de games eletrônicos quando a "Sony e a Microsoft atacaram a liderança da Nintendo com o PlayStation e o Xbox".

Se a Nintendo tivesse tido a reação normal das empresas estabelecidas, teria deixado o mercado completamente ou jogado o jogo (literalmente) da Sony e da Microsoft com imitações do PlayStation e do Xbox. Em vez disso, "a Nintendo criou o Wii, um produto não tradicional com ênfase em dimensões completamente diferentes dos jogos eletrônicos". O resultado foi um nicho de mercado totalmente dominado pela Nintendo, e dois destruidores que foram destruídos de maneira conclusiva.

Quanto a jogar dois jogos de uma só vez, são muitos os perigos que ameaçam o sucesso dessa estratégia. "Na verdade", escreve Markides, "há muitos exemplos de empresas que seguiram essa estratégia e fracassaram (como a British Airways com sua subsidiária Go Fly e a KLM com a Buzz), enquanto outras empresas, como a Nintendo e a Mercedes, obtiveram sucesso ao jogar dois jogos sem criar unidades separadas. ... Poucas empresas que criaram unidades separadas obtiveram sucesso jogando dois jogos." Essas poucas empresas, diz Markides, exploram cinco questões que poderiam melhorar as chances de sucesso na concorrência com modelos duplos de negócio no mesmo setor:

- Devo entrar no espaço de mercado criado pelo novo modelo de negócio?
- Se entrar no novo espaço de mercado, posso fazer isso com o modelo de negócio existente ou precisarei criar um novo?
- Se precisar de um novo modelo de negócio para explorar o novo mercado, devo simplesmente adotar o modelo de negócio invasor que está destruindo o meu mercado?
- Se eu desenvolver um novo modelo de negócio, o quanto ele deverá estar organizacionalmente separado do modelo de negócio existente?
- Depois que eu criar uma unidade separada, quais são os desafios específicos de trabalhar com dois modelos de negócios ao mesmo tempo?

Fora da selva

Conversando, Costas Markides é empolgante e persuasivo. Primeiro, falamos sobre a relação, por vezes tensa, entre estratégia e inovação.

Qual é a relação entre estratégia e inovação?
E qual a importância das duas no mercado atual?

Se o ambiente econômico está bem e todos estão crescendo, é possível crescer inclusive sem ter uma estratégia. Mas se estamos em uma selva, se estamos em meio a uma crise, é justamente aí que precisamos de uma estratégia. Porém, olhando para além da estratégia, a inovação é o primeiro passo que uma empresa deve dar.

Por que a inovação?

Eu sempre acreditei que a inovação é a resposta para todo problema organizacional, porque inovação é crescimento. Se pensarmos bem, se as pessoas que estão realizando um negócio não estão crescendo, não haverá inovação. Venho estudando inovação há 20 anos, e a maioria das pessoas concorda que é um campo bem lotado.

Sua abordagem da inovação é diferente de alguma forma?

Há duas áreas em que acredito que eu traga um elemento de diferenciação no estudo central da inovação. A primeira é que, quando avaliamos o trabalho de outros acadêmicos e consultores, eles falam sobre inovação em geral. Acredito que existem diferentes tipos de inovação e que o mecanismo necessário quando se está em busca de um tipo de inovação é diferente do mecanismo necessário para alcançar outro tipo de inovação.

O senhor pode esclarecer esse ponto?

Por exemplo, meu último livro trata sobre inovação de modelo de negócio – como empresas desenvolvem novos modelos de negócios –, e eu escrevi sobre o que as empresas precisam fazer para conseguir isso. Meu livro anterior era sobre inovação radical de produtos e sobre como criar novos produtos radicais. Minha receita para fazer inovação radical de produtos é totalmente diferente da voltada à inovação do modelo de negócio. Portanto, eu não acho que seja correto falar sobre inovação de um modo geral e dizer aos gestores que qualquer abordagem é a que eles devem usar para se tornarem mais inovadores. Quem estuda inovação e quem tenta ajudar empresas a inovar precisa ser mais específico sobre o tipo de inovação que é mais necessária e só então oferecer o conselho adequado. Essa é uma das coisas que faço com meu trabalho em inovação que me distingue dos demais.

E a segunda coisa que o torna diferente?

A outra coisa que acho que diferencia o meu trabalho é a minha visão de que inovação é muito mais do que criatividade. Muitos dos trabalhos que vêm sendo publicados é sobre como empresas podem ter novas ideias sobre novos modelos de negócios, sobre produtos – sobre qualquer coisa. E *brainstorms*, previsões e pensamentos revolucionários são úteis para gerar novas ideias. No entanto, embora eu acredite que ter novas ideias seja importante e que isso faça parte importante do processo de inovação, apenas ideias não bastam. A maior parte dos problemas surge depois que as pessoas têm as novas ideias radicais. O que realmente determina se uma empresa é inovadora ou não é o estágio da implementação.

O senhor está dizendo que não basta ter uma nova ideia: é preciso botá-la em prática.

Sim. Por exemplo, digamos que você trabalhe em uma empresa estabelecida e imagine um novo modelo de negócio. A sua questão não é apenas como pensar no novo modelo de negócio, mas o que fazer com o antigo. Você abandona o modelo antigo (a forma como seu negócio funciona hoje) para que possa migrar 100% para o novo modelo? Ou continua com o modelo de negócio existente enquanto executa o novo em fases. E, se fizer isso, como você opera com dois modelos de negócios ao mesmo tempo? É aí que tento focar meu trabalho: nas questões da implementação da inovação.

Quantos tipos diferentes de inovação existem?

No mínimo, acho que as empresas precisam começar a pensar que inovação de produto é diferente de inovação tecnológica, de inovação de processos e de inovação de modelo de negócio. Para mim, esses são os quatro tipos principais. Tenho certeza de que há mais divisões mais específicas em que é possível classificar a inovação.

É na implementação que a maior parte das inovações fracassa?

Certamente. O problema das empresas não é tanto ter novas ideias. Quando pergunto a altos gestores de empresas o que eles precisam para realizar determinado tipo de inovação, por mais incrível que pareça, eles conseguem me responder em cinco minutos. Eles não precisam ler um livro, não precisam visitar outras empresas. Minutos depois de eu perguntar o que precisa ser feito para inovar, os gestores podem me dizer (e me dizem) "precisamos fazer X, Y e Z". Então eu normalmente parto daí e pergunto a eles: "Bem, e nesse X, Y, Z, vocês deram esse passo ou deram início a essa ação?" Na maior parte dos casos, eles não têm uma resposta. É por isso que eu digo que novas ideias são apenas uma parte da inovação. Ideias são empolgantes porque normalmente são acompanhadas por conhecimento novo. Mas o problema dos gestores não é conhecimento. O problema é ação. Inovar é difícil porque as pessoas normalmente sabem o que precisam saber, mas ainda assim não inovam.

Esse comportamento parece funcionar contra os melhores interesses da empresa e de todos os que nela trabalham. Por que isso acontece?

Gestores fazem coisas com base em suas experiências passadas e seus hábitos, em coisas repetitivas, mas inovação é algo que exige que as pessoas dentro de uma empresa façam algo completamente diferente. Muito possivelmente, a inovação pode exigir uma mudança de cultura, uma mudança na forma como os gestores ou outros trabalham e assim por diante. Inovação significa mudança. Gestores são muito bons em trabalhar mais e melhor do que sempre trabalharam. Inovar é fazer as coisas de uma forma um pouco ou radicalmente diferente, e é aí que reside o problema.

Então como se começa a inovar?

Antes de tudo, no mínimo, uma organização precisa estabelecer um ambiente que apoie e cultive a inovação. Por ambiente, refiro-me a determinada cultura com determinados tipos de incentivos junto com determinados processos que promovam inovação. Isso é o mínimo do mínimo. Mas quando digo às empresas que elas precisam estabelecer essas coisas, alguns gestores, às vezes, desenvolvem aquela atitude de que o ambiente organizacional deve estar completamente pronto antes que qualquer inovação possa ocorrer.

E não precisa?

Posso dar diversos exemplos de organizações em que a cultura e as estruturas não eram as ideais e mesmo assim alguns indivíduos tomaram para si a promoção da inovação. Então, idealmente, as empresas precisam da cultura, dos incentivos e das estruturas certas, mas, além disso, elas precisam de indivíduos que estejam dispostos a ir além das limitações com o objetivo de agir – para começar a trabalhar nos X, Y e Z que citei anteriormente. Infelizmente, há poucas pessoas dispostas a se arriscar e realmente fazer as coisas de um jeito diferente.

O senhor se considera inovador?

Eu certamente me descreveria como uma pessoa criativa, considerando que tenho muitas ideias, mas, por definição, sou um acadêmico, e nós não somos muito bons na implementação de coisas. Portanto, eu não diria que sou um inovador. Ser inovador, para mim, significa ser alguém que tem novas ideias e as implemente, para produzir um novo valor. A primeira metade é o pensamento criativo. A segunda, a ação. As duas juntas são inovação.

Como o senhor gera as suas ideias sobre estratégia e inovação?

Eu tenho ideias trabalhando com pessoas (como altos gerentes), escrevendo casos sobre organizações e observando problemas que as organizações enfrentam no cotidiano. Por exemplo, muitas empresas querem fazer as pessoas colaborarem e não permitem que elas se isolem em feudos organizacionais, o que é um grande problema em muitos negócios. Nesses casos, eu normalmente pergunto aos altos gerentes quantos deles têm dois, três ou mais filhos. Quase todos têm. Então, pergunto se seus filhos colaboram. "Sim", eles respondem. Então pergunto se seus filhos operam em pequenos feudos. Eles respondem: "Não, é impressionante como todos colaboram". Nesse ponto, tento fazê-los explorar o que é que eles fazem como pais para estimular que seus filhos colaborem. Quero dizer, é bom senso, não? No fim, há coisas que fazemos em casa para que as pessoas cooperem. São exatamente as mesmas coisas que considero necessárias para obter colaboração em uma organização.

O senhor pensa fora da caixa organizacional, não?

Sim, e aconselho os outros a fazer o mesmo. A olhar para além das empresas. A olhar para além do ambiente empresarial. Você vai se espantar se deixar seu pensamento se aventurar em ambientes de negócios não tradicionais, como a família. Vai descobrir que consegue tirar muitas ideias para o que as pessoas precisam fazer no ambiente empresarial para realizar algumas das coisas que desejam realizar. Pensemos em uma escola de administração como a London Business School, em que existem turmas de 50 a 60 alunos de 50 ou 60 países diferentes e assim por diante. Essa diversidade deveria ser solo fértil para a geração e promoção de ideias e coisas do gênero. Isso me ajuda a manter o pensamento renovado.

Então o senhor certamente valoriza ideias novas.

Como disse antes, novas ideias são o ponto de partida da inovação. No fim, inovação se resume a um indivíduo ter a mente aberta e procurar por ideias em todo lugar. As ideias estão em todo lugar – no mundo dos negócios, na família, no ambiente econômico. Aonde quer que se olhe, há novas ideias, novas formas de pensar ou de fazer as coisas. É apenas uma questão de ter a mente aberta para absorver novas ideias e utilizá-las para aquelas aplicações de gestão que podem ajudar o negócio a prosperar. Se conseguir empregar novas ideias e botá-las em ação para servir os clientes e a sociedade de uma forma melhor, você vai descobrir que a inovação realmente é uma resposta a quase todos os problemas enfrentados pelo seu negócio.

CAPÍTULO 9

Onde a inovação encontra a sociedade

Além de atender às demandas urgentes dos negócios, a inovação também é cada vez mais valorizada em outros aspectos da vida. Cada vez mais se reconhece que inovação e progresso andam juntos. Muitos dos desafios (talvez todos) que enfrentamos pessoal, nacional e globalmente exigem soluções inovadoras. Novas formas de enxergar o mundo podem render abordagens inovadoras para tratar de problemas considerados complicados como o aquecimento global e a pobreza mundial. Novas ideias estão se aglutinando em torno desses. A inovação social – a ideia de que a própria sociedade pode melhorar através da inovação – é um conceito que está ganhando força.

No outro extremo também há uma sensação crescente de que nós, como indivíduos, podemos nos beneficiar da inovação em nossas vidas dentro e fora do trabalho. O envolvimento dos funcionários está vindo à tona. De fato, antes as pessoas consideravam necessário preservar as vidas pessoal e profissional separadas, com identidades compartimentalizadas, mas hoje esses limites artificiais estão se fundindo no que alguns chamam de vidas completas: uma visão mais holística e harmoniosa de um indivíduo e de sua própria identidade. Acontece que os seres humanos querem levar sua humanidade para o trabalho. Eles querem papéis que lhes permitam se expressar e encontrar significado. Organizações que os ajudam a fazer isso colherão os dividendos da mais humana das qualidades: a engenhosidade.

Inovação para a vida

Teresa Amabile é professora de administração de empresas na unidade de gestão empresarial da Harvard Business School e também é diretora de pesquisa da escola. Embora seja muito conhecida por seu trabalho com criatividade, ela recentemente passou a focar mais amplamente na vida organizacional e na sua influência sobre as pessoas e seus desempenhos.

Amabile é autora e coautora de diversos livros, incluindo *The Progress Principle: Using Small Wins to Ignite Joy, Engagement, and Creativity at Work* (2011). Outros de seus livros são *Creativity in Context: Update to the Social Psychology of Creativity* (1996) e *Growing Up Creative: Nurturing a Lifetime of Creativity* (1989).

Em *The Progress Principle*, escrito em coautoria com Steven Kramer, Amabile demonstra o quanto eventos aparentemente insignificantes do dia a dia no local de trabalho podem afetar a vida profissional e o desempenho dos indivíduos. O livro é inspirado nas descobertas de um longo programa de pesquisa multidisciplinar, incluindo a análise de cerca de 12.000 registros de diários de mais de 200 funcionários de sete empresas.

Amabile e Kramer perguntam: qual é o fator mais importante no engajamento do funcionário? São incentivos, reconhecimento pelo bom trabalho, apoio para progredir no trabalho, apoio interpessoal ou metas claras? Quando fizeram essa pergunta a centenas de gestores, 95% deles erraram a resposta.

Acontece que a vida profissional interior – as emoções positivas, a forte motivação interna e percepções favoráveis de colegas e do trabalho em si – são o segredo de uma força de trabalho inovadora, produtiva e engajada. Na visão de Amabile e Kramer, a função fundamental dos gestores é criar e manter as circunstâncias corretas para que a vida interior dos funcionários seja predominantemente positiva.

"Desde que o trabalho seja significativo, os gestores não precisam gastar tempo procurando meios de motivar as pessoas a fazerem esse trabalho. São muito melhor servidos se retirarem as barreiras para o progresso e ajudarem as pessoas a experimentarem a satisfação intrínseca que vem junto com a realização de algo", eles dizem.

Em *The Progress Principle*, Amabile e Kramer explicam que:

- Pequenas vitórias com frequência exercem um efeito surpreendentemente forte sobre as pessoas e seus desempenhos.
- Pequenos contratempos com frequência produzem um efeito desproporcionalmente negativo.
- Cultivar o senso de progresso das pessoas é o segredo para sustentar sua motivação e estimular a inovação por parte delas.

Inovação social

Se o progresso pessoal é importante para os indivíduos, há também um sentimento crescente de que as piores doenças da sociedade apenas podem ser tratadas por um desejo de progresso compartilhado. Cada vez mais se fala de "inovação social". Os negócios têm um papel importante aqui também.

A inovação social corporativa adota novas ideias, processos, produtos e modelos de negócios que são especificamente voltados à solução de algum tipo de questão ambiental ou social.

"É algo muito poderoso", diz Ioannis Ioannou, professor assistente de estratégia e empreendedorismo na London Business School e finalista do prêmio Thinkers50 2013. "Temos esses sérios desafios globais – a mudança climática, a falta de coesão social, o aumento das desigualdades sociais, a propagação de doenças e assim por diante –, e a inovação social tem o potencial de ser ampliada para obter impactos ambientais e sociais positivos. Ao mesmo tempo, ela permite que as organizações que se envolvam na solução desses problemas continuem lucrativas e ampliem essas soluções ainda mais." Todo mundo sai ganhando.

Há diversos impulsionadores de inovação social. A pesquisa do professor Ioannou (junto a dos pesquisadores da Harvard Business School) busca ajudar as empresas a compreenderem melhor algumas das dinâmicas que atuam na inovação social. Em especial, seu trabalho tem observado o engajamento dos *stakeholders*, a adoção de horizontes de tempo maiores, a capacidade de atrair pessoas cujos valores estejam alinhados aos da organização e a capacidade das corporações engajadas em inovação social de acumular tanto informações financeiras quanto não financeiras para ajudar a ativar soluções por vezes radicais.

Inovando socialmente

Heather Hancock, sócia-diretora de talento e marca da empresa de consultoria Deloitte, acredita que a crise financeira fez líderes empresariais repensarem seus papéis na sociedade. "Muito da inovação social está relacionado tanto a ter uma visão mais ampla da contribuição que podemos fazer para muitas metas da sociedade quanto com tornar seu negócio um sucesso em curto e longo prazo – especialmente no longo prazo, mas precisa haver um impacto no curto prazo também", ela diz. "A crise financeira tem funcionado como aceleradora de inovação social no nível corporativo."

É claro que mudar o mundo (ou uma organização) nunca é fácil. Ioannis Ioannou aponta para corporações, incluindo Unilever, Nike e Puma, que estão ativamente engajadas em inovação social. "Vemos exemplos muito interessantes que integram esse tipo de inovação ao modelo de negócio. Eles trazem ganhos e perdas ambientais, por exemplo. Mas mesmo com os líderes que estão à frente do bando, estamos longe de conseguir o que se poderia definir como uma organização sustentável que inova socialmente e que continuará existindo daqui a 30 ou mesmo 60 anos."

Heather Hancock sugere que estamos em um estágio inicial, mas em um estágio em que a natureza do diálogo mudou. O que foi previamente deixado por dizer agora é prioridade na agenda.

> Trata-se da disponibilidade de uma empresa de manter um diálogo diferente, talvez mais maduro, com seus *stakeholders*. Assim, por exemplo, muitos dos problemas sobre os quais estamos falando sempre foram pensados como domínio dos governos. Vivíamos em um sistema em que os governos encarregavam organizações do setor privado ou aparentemente faziam parcerias com elas. Isso tendia a se basear no modelo existente. Agora, o que estamos vendo é o governo começando a compreender que é um dos atores que está resolvendo alguns desses desafios e definitivamente um ator de mudança

do regime institucional ou do sistema legal. Mas é pouco provável que o governo venha a gerar a verdadeira solução técnica ou o novo serviço ou a nova abordagem criativa e inovadora que irá funcionar.

Tanto governos quanto empresas ainda estão tateando o caminho. Tropeços fazem parte do curso. O trabalho de Ioannis Ioannou identifica dois conjuntos de erros que as empresas cometem comumente. O primeiro é o que ele chama de "armadilha da eficiência", e o segundo é a "armadilha do *check-list*". Na armadilha da eficiência, as empresas focam na gestão de resíduos, na gestão de energia, em reciclagem e coisas do gênero. Essas são importantes questões operacionais de eficiência, mas não são suficientes para transformar a empresa em uma organização sustentável com novas ideias e inovações sociais. Na segunda armadilha, as empresas se concentram em garantir que estejam fazendo as coisas certas em vez de focar em agregar valor e em atividades inovadoras.

A vontade de vencer essas armadilhas tende a aumentar. Pesquisas realizadas com a geração Y descobrem sempre que essas pessoas esperam que inovação e impacto na sociedade sejam muito importantes para os negócios e seus próprios papéis no negócio.

As apostas sem dúvida são altas – não apenas lidar com alguns dos maiores problemas do mundo como também redefinir o papel da corporação dentro da sociedade. Segundo Ioannis Ioannou: "Ao longo dos anos, vimos a corporação resolver o problema da produção, mas agora o desafio é, por meio da inovação social, trazer essas habilidades para solucionar problemas para esse novíssimo domínio de problemas e fazer isso com o apoio das sinergias inerentes ao sistema capitalista." O desafio está posto.

O princípio *cradle-to-cradle*

Junto com a crescente importância da inovação social está o conceito da sustentabilidade. Uma ideia com boas chances de ser adotada nas empresas ao longo da próxima década é a do princípio *cradle-to-cradle* (do berço ao berço). O argumento básico é de que a nossa atitude em relação ao ambientalismo e a sustentabilidade precisa mudar. Atualmente, as organizações estão satisfeitas com serem um pouco melhores. Elas se sentem virtuosas simplesmente porque reciclam um pouco mais, diminuem o uso de energia ou fazem algo parecido. O conceito *cradle-to-cradle* sustenta que nossa atitude em relação aos produtos e a forma como os fabricamos permanecem presas à Revolução Industrial e argumenta que produtos e serviços que geram valor ecológico, social e econômico podem ser criados.

Em seu livro *Cradle to Cradle*, William McDonough e Michael Braungart, um arquiteto e designer norte-americano e o outro químico alemão, mapearam o pensamento por trás da ideia. "A infraestrutura industrial atual é planejada para buscar crescimento econômico", lamentam McDonough e Braungart. "E faz isso à custa de outras preocupações vitais, especialmente saúde humana e ecológica, riqueza cultural e natural e mesmo prazer e alegria. Exceto por alguns efeitos colaterais genericamente conhecidos, a maioria dos métodos e materiais industriais são involuntariamente esvaziados."

Entre os exemplos da ideia na prática está a reforma das instalações da Ford em River Rouge. A Ford investiu em um sistema de tratamento da água da chuva de 18 milhões de dólares que teria economizado 50 milhões que a empresa precisaria gastar em tratamento mecânico. A Ford também tem um carro protótipo, o Model U, que é produzido segundo os princípios *cradle-to-cradle*. A Nike, por sua vez, desenvolveu tênis *cradle-to--cradle* e a EDAG desenvolveu um carro reciclável.

Do carpete ao berço

Uma das convertidas ao conceito é a fábrica alemã de carpete Desso e seu antigo CEO, Stef Kranendijk. Executivo veterano com 19 anos na Procter & Gamble, Kranendijk dificilmente pode ser considerado revolucionário, mas ele vem defendendo o princípio *cradle-to-cradle* como meio de mudar a empresa e obter vantagem na competição.

A conversão de Kranendijk começou quando ele assistiu a um documentário sobre o assunto. Em seguida, ele leu o livro e depois contatou os autores.

> Nós produzimos muita coisa, e a maior parte termina em aterros sanitários. Por exemplo, todos os carpetes sintéticos na França, nos Estados Unidos e no Reino Unido vão para os aterros sanitários. Em outros lugares, são incinerados – o que também não é uma boa ideia. Temos duas crises: a crise do clima e a crise da matéria-prima. E é isso que precisamos resolver. Quando vi o programa, pensei "Isso é fantástico. É o que deveríamos fazer, porque produzimos muito volume e muito desperdício". Então li o livro e procurei Michael Braungart. Eu disse: "Quero que toda a minha empresa seja *cradle-to-cradle*, e vou fazer isso, mas você vai ter que me ajudar."

Kranendijk entrou na Desso como CEO em 2007, depois que a equipe administrativa e a empresa de participações privadas comprou a empresa do proprietário norte-americano. Kranendijk e sua equipe desenvolveram uma nova estratégia focada em excelência operacional, inovação, expansão geográfica e comunicação externa. Nesse quarteto, a inovação era vista como fundamental, e outros impulsionadores de inovação foram identificados: criatividade, funcionalidade e o princípio *cradle-to-cradle*.

"O princípio *cradle-to-cradle* tem a ver com fabricar produtos com materiais tão puros que possam ser reciclados indefinidamente", diz Stef Kranendijk. Imediatamente depois da aquisição, ele indicou um diretor de sustentabilidade, que investigou o que as iniciativas de sustentabilidade da Desso haviam realizado na década anterior. A empresa havia conseguido cortar o consumo de energia em 28% no período. O conceito *cradle-to-cradle* buscava levar esse processo a outro patamar.

Em busca da pureza

No coração do *cradle-to-cradle* está a ideia de que os ingredientes podem ser reutilizados para criar produtos de alta qualidade. A Desso investiu em um sistema de retorno chamado Refinity. O sistema retoma módulos de carpete de escritórios, escolas e universidades depois de 10 anos de uso. O betume é vendido para as indústrias de pavimentação e telhados, e os fios vão para uma das fábricas de fios da Desso.

A Desso investiu 20 milhões de euros em uma fábrica na Eslovênia que despolimeriza os fios usados para que possam ser reutilizados. Cerca de 60% de todos os módulos de carpete que a Desso vende no mundo agora usam fios 100% reciclados.

Como qualquer ideia, o *cradle-to-cradle* vem com seu próprio vocabulário. As instalações eslovenas são um exemplo do que é conhecido como *upcycling*.

"A ideia do *cradle-to-cradle* é usar materiais muito puros para que possamos reciclá-los num nível muito alto. É por isso que é chamado de *upcycling*", diz Stef Kranendijk.

E é isso que tentamos fazer. Porque, se fabricamos um módulo de carpete e o pegamos de volta depois de 10 anos, podemos fazer fios dos fios novamente, podemos fazer reforços dos reforços, mas o material pode ser usado para fabricar uma nova cadeira de escritório. A ideia do *cradle-to-cradle* é ter uma espécie de banco de matéria-prima bruta sempre circulando.

Basicamente, precisamos passar de uma economia linear para uma economia circular. Precisamos fazer muita exploração urbana – para tirar matéria-prima bruta de produtos existentes – e o conceito *cradle-to-cradle* se encaixa perfeitamente nisso. Ele vai garantir que usemos apenas materiais puros, para que eles possam ser reciclados em vez de se tornarem materiais tóxicos.

Sem metades

Logo ficou claro que não pode haver meias medidas, meias revoluções nessa abordagem cíclica. A meta da Desso é ter todos os produtos de acordo com o conceito *cradle-to-cradle* até 2020. Até lá, ela também pretende usar apenas energia renovável. Foram instalados 23.000 metros quadrados de painéis solares em uma das fábricas na Bélgica. A Desso também está investindo em aerogeradores de 6 megawatts, em fermentação de biomassa para produzir biogás e em energia geotérmica.

Tendo começado com módulos de carpete, a Desso agora planeja trabalhar com grama artificial, que atualmente tem reforço de látex, para fazer *upcycling*. A empresa desenvolveu uma tecnologia quente, que garante que o reforço pode ser reutilizado. Entre as inovações mais ambiciosas está a produção

de fios a partir de bambu – que, aparentemente, tem excelentes propriedades antibacterianas.
"O mais fantástico em relação ao *cradle-to-cradle* é que se trata totalmente de inovação. Estamos sempre falando sobre design e materiais brutos e focando no que os usuários finais desejam, em responsabilidade social corporativa e na estratégia de sustentabilidade definitiva", diz Stef Kranendijk. "Mas é muito trabalho que custa muito dinheiro, porque analisar todos os ingredientes que usamos é difícil. É cansativo. E nos tomou dois anos."

Com lucros

É claro que um conceito sem lucros é uma experiência comercial vazia. Mas existe um crescente corpo de evidências sugerindo que a responsabilidade social pode aumentar os lucros. Uma pesquisa de Ioannis Ioannou, da London Business School, e de George Serafeim, da Harvard Business School, por exemplo, explicitou as ligações entre ser bom e fazer o bem.

"Uma das questões mais importantes em torno da sustentabilidade é seu impacto sobre o desempenho financeiro. Em um estudo empírico de dois conjuntos combinados de empresas cobrindo um período de 18 anos, encontramos fortes evidências de que as empresas de alta sustentabilidade superaram significativamente as de baixa sustentabilidade, tanto em termos de contabilidade quanto em mercado de ações", diz Ioannou (que também escreveu um estudo de caso sobre a Desso). "Existem diferenças importantes no envolvimento da governança corporativa e dos *stakeholders* entre os dois conjuntos de empresas. Empresas de alta sustentabilidade têm um horizonte de tempo de mais longo prazo, mais investidores de longo prazo e dão maior ênfase à medição e aos relatórios de informações não financeiras."

Uma lupa

O que une a inovação social e a ideia de progresso pessoal é a disposição de destruir os feudos mentais. Quando antes talvez preferíssemos manter a sociedade e os negócios separados, agora há uma compreensão muito maior de que os negócios são parte da sociedade como um todo. Empresas precisam de licença para funcionar. Elas precisam demonstrar seu valor à sociedade a que pertencem.

Ao mesmo tempo, como as ideias deste livro demonstram de maneira ampla, a inovação está se tornando menos secreta e mais aberta a influências externas. Nenhuma empresa, indústria ou país pode se dar ao luxo de ignorar desenvolvimentos fora de suas fronteiras. De fato, a polinização cruzada é a ordem do dia.

Como, então, as organizações e os gestores podem garantir que estão lançando suas redes longe o suficiente? Em seu livro de 2012, *The Wide Lens: A New Strategy for Innovation*, Ron Adner apresenta algumas ideias.

Adner é professor de estratégia na Tuck School of Business, da Dartmouth College, em New Hampshire, e lecionou anteriormente na INSEAD. Ele argumenta que muitas empresas fracassam porque focam demais em suas próprias inovações, negligenciando o ecossistema de inovação do qual depende seu sucesso. Em um mundo cada vez mais interdependente e global, Adner argumenta, vencer depende de mais do que simplesmente entregar o que se promete. Significa garantir que uma série de parceiros – um ecossistema inteiro, na verdade – entregue o que promete também. É apenas vendo o mundo através de uma lupa que as empresas podem esperar prosperar no futuro.

Ao estender essa lógica e ampliar essa lupa para compreender as pessoas e a sociedade como um todo, a inovação pode ser uma força pelo bem no mundo, e a engenhosidade humana pode impulsionar o progresso.

O Don da inovação

A inovação, como vimos, deixou de ser estreitamente relacionada ao progresso tecnológico e mecânico para ser mais amplamente definida e muito mais amplamente ambiciosa. Entre os pouquíssimos pensadores que também fizeram esse caminho está Don Tapscott, professor adjunto de administração na Joseph L. Rotman School of Management, na Universidade de Toronto, e uma das maiores autoridades do mundo em inovação, mídia, globalização e impacto social da tecnologia nos negócios e na sociedade.

Autor ou coautor de 14 livros, Tapscott escreveu o best-seller de 1992 *Paradigm Shift*. Seu sucesso de 1995, *The Digital Economy*, mudou o pensamento ao redor do mundo sobre a natureza transformadora da Internet e, dois anos mais tarde, ele definiu a Geração Net e a "exclusão digital" em *Growing Up Digital*. Seu trabalho de 2000, *Digital Capital*, apresentou ideais seminais como "a rede dos negócios". Entre seus livros estão ainda *The Naked Corporation* (2002); *Grown Up Digital* (2009); *Wikinomics: How Mass Collaboration Changes Everything*, o best-seller de administração de 2007; e *Macrowikinomics* (2011).

Tapscott é também a energia por trás da Global Solution Networks, um estudo novo e importante sobre o potencial das redes globais baseadas na web para cooperação, solução de problemas e governança. Quando conversamos com Don Tapscott, pedimos que ele começasse discutindo a organização.

O senhor pode explicar a organização e suas ambições?

Existem novos modelos para a solução dos problemas do mundo, para a cooperação e para a governança de nós mesmos no planeta, e eu assumi um grande projeto para pesquisar isso. Apenas para esclarecer, não vou realmente resolver os problemas do mundo nos próximos dois anos – existe uma linha tênue separando visão de alucinação – mas, essencialmente, nossos modelos de solução de problemas hoje vêm de Bretton Woods no final da Segunda Guerra Mundial, quando criamos o Banco Mundial e o FMI e, um pouco depois, a Organização Mundial do Comércio (era então o GATT, acordo geral sobre tarifas e comércio) e a Organização de Padrões Internacionais. O G20 e outros são instituições baseadas em Estados-Nação.

Só que cada vez mais nossos problemas são verdadeiramente globais. O Estado-Nação, embora necessário, não basta como veículo para resolver esses problemas. Enquanto isso, quando entramos na Internet, encontramos vários outros grandes impulsionadores que agora nos fazem examinar novos modelos de rede mais dinâmicos e resilientes para enfrentar os problemas. Existem redes multissetoriais que não são controladas pelos Estados nem são baseadas neles, mas elas estão se tornando relevantes, e algumas estão expandindo e crescendo em escala astronômica. Não sabemos nada a respeito delas.

Algumas dessas redes de soluções globais são bastante diferenciadas – a Kony 2012, por exemplo. Pode falar um pouco sobre isso?

Sim. O comandante militar ugandês Joseph Kony é um cara mau. Ele supostamente sequestrou 60.000 crianças: os meninos se tornaram soldados, e as meninas, escravas sexuais. Se eles se comportam mal, ele corta seus rostos ou os obriga a matarem as próprias famílias. Então, uma rede multissetorial chamada Invisible Children (crianças invisíveis) decidiu "Vamos fazer Joseph Kony ficar famoso" e criou um vídeo de meia hora. Quando assisti ao vídeo numa noite de segunda-feira, 12.000 pessoas o haviam visto. Na sexta-feira, mais de 85 milhões de pessoas o haviam assistido.

A questão do material teve um imenso impacto no mundo, mas mostra ao mesmo tempo a promessa e os perigos dessas novas redes. Foi uma ação inspirada, mas será legítima? A quem deve prestar contas? Aonde vai o dinheiro? Como se determina a política em torno disso? É correto que devamos ter mais tropas norte-americanas em Uganda? Será essa a abordagem correta a Joseph Kony? O que se faz quando seu líder tem um ataque de fúria, que foi o que ocorreu neste caso? Essa questão demonstra o yin e o yang dessas novas redes de soluções globais: elas podem crescer rápida e viralmente, ser extremamente eficazes e provocar grande impacto, mas há muitas, muitas coisas que não compreendemos sobre como torná-las verdadeiramente eficientes.

Acontece que esse é o caso clássico das pessoas vendadas com o elefante. Alguns acham que as coisas se parecem com uma árvore, um muro, uma cobra ou o que seja, mas, na verdade, existem nove tipos diferentes de redes.

Vou dar alguns exemplos. Nós temos redes de políticas que desenvolvem políticas para o mundo, mas não são baseadas em estados. A Rede Internacional da Concorrência seria um exemplo disso. Temos um segundo tipo, chamado de redes de conhecimento. Já tivemos um consórcio de pesquisa desenvolvendo conhecimento em base global antes, mas nunca tivemos nada como a Wikipedia, o TED ou redes de conhecimento capazes de serem fortes e provocarem um impacto imenso. Há redes de amparo, como a Kony 2012, que defendem mudanças. Existem coisas novas que chamo de plataformas. Elas estão agora tentando resolver problemas – fogo para cozinhar, direitos humanos, conflitos, empreendedorismo, o que seja – criando uma plataforma onde outros possam fazer isso. Existem os cães de guarda, como a Human Rights Watch, que têm centenas de pesquisadores ao redor do mundo identificando e documentando violações de direitos humanos. Existem as redes que estão desenvolvendo padrões no mundo, mas elas não são controladas por Estados da forma como ocorre com a Organização de Padrões Internacionais (ISO). Temos redes de governança que efetivamente governam algo no planeta.

Em dezembro de 2012, houve uma grande batalha em Dubai entre a ONU, a União Internacional de Telecomunicações e o ecossistema que controla a Internet. Foi um exemplo dos velhos modelos baseados no Estado *versus* o novo modelo de redes dinâmicas, e a Internet venceu.

Então temos o que chamo de instituições de redes globais. São entidades como o Fórum Econômico Mundial, a Clinton Global Initiative e a Business for Social Responsibility. Elas estão começando a se parecer com um pedaço da ONU, mas não são controladas por Estados. Essas coisas estão provocando um grande impacto no mundo. Elas estão envolvendo milhões de pessoas e detêm a promessa de nos ajudar a enfrentar os grandes desafios desse nosso planeta cada vez menor.

O que isso significa para os Estados-Nação? Eles são irrelevantes hoje? Eles se tornaram uma forma inadequada de lidar com problemas globais?

O Estado-Nação não é irrelevante, e ainda é adequado, no sentido de que não vai embora. Os Estados-Nação vêm de um período anterior da História, em que eram realmente parte da transição de uma sociedade muito intuitiva para uma sociedade industrial. Voltei ontem de uma viagem à Índia. A Índia não foi verdadeiramente um Estado-Nação até 1947, e só passou a ser o que é hoje em 1961, quando assumiu Goa dos portugueses. A Itália não era um Estado-Nação até 150 anos atrás. Então criamos essas economias nacionais, geralmente com uma língua comum, um senso de identidade nacional, instituições de governança, política interna, políticas e moedas domésticas e assim por diante.

Era uma boa ideia – a de Estados-Nação para economias nacionais –, exceto pelo pequeno detalhe de que temos cada vez mais uma economia global. Portanto, possivelmente, o Estado-Nação e suas instituições tenham o tamanho errado para enfrentar esses problemas globais. Esse é um dos desafios do escopo do meu projeto: é difícil imaginar um problema do mundo hoje que não possa ser enfrentado de maneira diferente.

Dei alguns exemplos, mas vamos pensar apenas na questão das mudanças climáticas. Esse é um grande problema. A maioria das pessoas concorda que estamos enfrentando mudanças climáticas, aquecimento global e ocorrências climáticas extremas, e que isso foi bastante provocado pela atividade humana. Então Bill Clinton nos diz que se reduzirmos a produção de carbono em 80% até o ano 2050, ainda serão necessários mil anos para o planeta esfriar. Enquanto isso, algumas coisas ruins vão acontecer. Podemos esperar que um bilhão e meio de pessoas fiquem sem abastecimento de água nos próximos 10 ou 15 anos. Então, todos esses Estados-Nação vão para Copenhagen, Cancun e Rio e tentam fechar um acordo. Não para reduzir 80%, mas cerca de 6%, e não conseguem.

Enquanto isso, existe uma rede de solução global, um conjunto de redes multissetoriais, envolvendo dezenas de milhões de pessoas. Não são ativistas de sofá, que entram no Facebook e dizem que estão mudando o mundo. São pessoas que realmente estão fazendo alguma coisa. São arquitetos que estão tentando descobrir como aperfeiçoar construções. São crianças em escolas do mundo todo que estão tentando reduzir a emissão de carbono em suas comunidades. São várias pessoas engajadas politicamente que estão pensando em créditos de carbono e em novas formas de envolver os Estados e resolver esses problemas.

É a primeira vez na história da humanidade que o mundo está sendo mobilizado e que todos estamos do mesmo lado. Estivemos mobilizados antes, durante as guerras mundiais, mas estávamos em lados diferentes. Portanto, é um grande exemplo de questão com que nossas instituições tradicionais estão tendo problemas, e começamos a ver progressos reais com o novo modelo de rede dinâmica resiliente.

Quem mais está envolvido?

Há vários pensadores importantes envolvidos, inclusive Vint Cerf, Tim Berners-Lee, Richard Florida, Anne-Marie Slaughter, Roger Martin e Pankaj Ghemawat. Alguns deles são pensadores de negócios, e este é um programa em que os negócios estão muito envolvidos e com que precisam se preocupar muito, já que não se pode ter sucesso nos negócios em um mundo que esteja fracassando. Existem imensas questões globais de negócios, como empreendedorismo, concorrência, regulação dos sistemas financeiros e todos os tipos de questões sendo enfrentadas pelas instituições tradicionais baseadas no Estado.

Meu objetivo é reunir em um grupo os principais pensadores do mundo que tenham interesse e se preocupem com a questão, e estamos conseguindo bons resultados.

Até agora, o projeto está sendo financiado principalmente por corporações, e conseguimos atrair algumas grandes empresas que se importam muito com as questões de negócios relacionadas a isso. Temos empresas de serviços financeiros preocupadas com problemas globais como dinheiro. Dinheiro é um problema global. É a base do crime e da corrupção. E está obviamente relacionado à inclusão financeira. Por causa do dinheiro, temos dificuldade de cobrar impostos e financiar estados adequadamente. Portanto, há uma porção de subgrupos de questões em que as corporações estão envolvidas para nos ajudar no financiamento da pesquisa.

Os problemas do mundo nunca irão desaparecer. Sempre haverá novas fronteiras e novos desafios. Mas a inovação, em suas muitas e variadas formas, sempre será a resposta.

Notas

Introdução

1. Todas as citações advêm de entrevistas do autor, a menos que haja observação em contrário.

Capítulo 1

1. Markides, Constantinos, and Geroski, Paul, *Fast Second*, San Francisco: Jossey-Bass, 2005.
2. Brown, Tim, "Design Thinking", *Harvard Business Review*, June 2008.
3. Chesbrough, Henry, "Open Innovation", *in Financial Times Handbook of Management*, 3rd ed., eds. Stuart Crainer and Des Dearlove, Harlow, U.K.: FT/Prentice Hall, 2004.

Capítulo 2

1. Bower, Joseph, and Christensen, Clay, "Disruptive Technologies: Catching the Wave", *Harvard Business Review*, January–February 1995.

Capítulo 3

1. Prahalad, C. K., and Ramaswamy, Venkat, *The Future of Competition*, Boston: Harvard Business Press, 2004.
2. Ibid.
3. Ibid.
4. Ibid.

Capítulo 4

1. Birkinshaw, Julian, and Crainer, Stuart, "From R&D to Connect and Develop at P&G", *Business Strategy Review*, Spring 2007.
2. Chesbrough, Henry, "Open Innovation", in *Financial Times Handbook of Management*, 3rd ed., ed. Stuart Crainer and Des Dearlove, Harlow, U.K.: FT Prentice Hall, 2004.
3. Ibid.
4. Ibid.

Capítulo 6

1. Management Innovation Lab, "New Frontiers", 2010.

Capítulo 8

1. Crainer, Stuart, "The Thought Leader Interview: W Chan Kim and Renee Mauborgne", *Strategy+Business*, January 2002.

Índice

a armadilha do *check-list*, 149-150
Abercrombie & Fitch, 46-47
ação, 139-140
ação drástica, 131-132
adjacências, 59
administração
 deixando de evoluir, 110
 resgatar, 110-111
administração como tecnologia, 104-105, 109
Adner, Ron, 155-157
Amabile, Teresa, 146-147
 The Art of Innovation (Kelley), 118

ambiente organizacional
 e inovação, 140-141
 pensar fora da caixa
 organizacional, 141-143
ampliação, 133-134
análise financeira, medidas mal
 aplicadas de, 31-32
armadilha da eficiência, 149-150
autoridade moral, 45-46

Batchelor, Charles, 8
Being the Boss (Hill e Lineback), 120, 127

168 Índice

benchmarking fora da indústria, 52-53
benchmarks, 52-53
BenQ Corporation, 62
Berners-Lee, Tim, 162-163
Big Think Strategy (Schmitt), 45-46, 49-51
Birkinshaw, Julian, 16-17, 56, 97-98, 111
Blizzard Entertainment, 38-39
Blue Ocean Strategy (Kim e Mauborgne), 129-130
Bower, Joseph, 20-21
Brandeau, Greg, 120, 123
Braungart, Michael, 150-152
Brown, Tim, 11
Busca por Inovação, 71-73

cães de guarda, 159-160
centro de estudos de desenvolvimento de medicamentos Tufts, 55
Cerf, Vincent, 162-163
Chandler, Alfred, 13-14
Chery, 28
Chesbrough, Henry, 13-17, 61, 63-65
Christensen, Clay, 15-16
 biografia, 19-20
 ideias, 20-24
 Perguntas e respostas, 23-33
Cinnamon Club, 79-81
Clever (Goffee e Jones), 114
clientes
 dados sobre, 76-77
 inovação com, 45-53

Clinton, William (Bill), 161-162
cocriação, 15-16, 37-39
 definição, 41
 exemplo, 41-42
 comercialização, 134
competências essenciais, 35
Competing for the Future (Prahalad e Hamel), 35-36, 97
comportamento, 139-140
consumidores, necessidades dos, 59
Cradle to Cradle (McDonough e Braungart), 150-151
cradle-to-cradle, 150-155
criatividade, 3-4, 122
Csíkszentmihályi, Mihaly, 114-115
Curso de Colisão, 73-75
custos marginais, 31-32

dados pessoais, disponibilidade crescente de, 39
Deming, W. Edwards, 108
Desso, 151-155
destruição criativa, 5-6
diferenças culturais, 41-48
Digital Equipment, 21
dilema do inovador, 15-16, 21-24, 27-28
diversão, 115-116

e inovação, 10-12
Edison, Thomas Alva, 6-10, 107
educação, e inovação diruptiva, 30-31
eficiência, *vs.* inovação, 82-83

eficiência da inovação, 12-13
  Ver também inovação em
    regime permanente
Einstein, Albert, 127
empreendedores de tecnologia,
  60
ensino de inovação, 81
envolvimento do funcionário,
  146
equipes de ponta, 84, 85
espaços abertos, 114-117
Estados-Nação, 160-163
estratégia, 86, 99
  e inovação, 136-137, 141-142
estúdio, 118-119
execução, tipos de, 86-87
execução da inovação, 86-87
execução no dia a dia, 86-87

fabricantes de modelos originais
  (ODMs), 62
fast fashion, 12-13
Fast Second (Markides e
  Geroski), 10
fazer as coisas de modo
  diferente, 6
feudos, 52-53
Florida, Richard, 162-163
fluxo, 114-115
Ford, 28
  reforma das instalações de
    River Rouge, 151-152
Ford, Henry, 111
Fuji, 12

Gandhi, Mahatma, 44-45
Gardner, Howard, 127

General Electric, 88-89, 91-96
  e gestão da inovação, 98
  e Thomas Edison, 107
General Motors, 28, 107
Geroski, Paul, 10
gestão da experiência do cliente,
  46-49
gestão da inovação, 16-17, 97-98
  exemplos, 107-108
  General Electric, 98
  ingredientes, 98-99
  vs. inovação, 105-106
Getzels, Jacob, 122
Ghemawat, Pankaj, 162-163
Global Solution Networks, 157-
  158
glocalização, 89-92
Goffee, Rob, 114
Google, 41-42, 123
Govindarajan, Vijay, 81, 88-89
  Perguntas e respostas, 82-96
grandes organizações, inovação
  em, 69-75
Grove, Andy, 23, 28-29

Hamel, Gary, 16-17, 36, 97-103
  Perguntas e respostas, 104-110
Hancock, Heather, 148-150
Hill, Linda, 120-127
Hyundai, 28

IBM, 21
ideias, 142-143
IDEO, 11, 117-119
Immelt, Jeff, 39, 92-95
implementação, 138-140
incrementalismo, 99-100

170 Índice

indústria de computadores, 21
indústria de reatores nucleares,
e inovação aberta, 64-65
Indústria farmacêutica, 12-13
desafios de P&D, 55-56
inegociáveis, 44-46
Innosight, 20
inovação
com clientes, 45-53
definição, 1-2, 83, 88
e ambiente organizacional,
140-141
e comercialização, 10-12
e estratégia, 136-137, 141-142
e negócios, 3-5
e P&D, 10-11
ensino de, 87
gestão da inovação, 16-17, 97-99, 105-108
inovação aberta, 16-17, 56-66, 108
inovação da eficiência, 12-13
inovação de modelo de
negócio, 137-139
inovação de produtos, 138-139
inovação descontínua, 2-3
inovação diruptiva, 12-15, 23-27, 30-31
inovação em regime
permanente, 15-16
inovação radical de produtos, 138
inovação reversa, 16-17, 89-93
inovação sustentada, 12-13
inovação tecnológica, 138-139

liderança da inovação, 16-17, 113-117, 127
organização para, 117-119
por que deveria vir antes da
estratégia, 137
por que importa, 1-3
princípios que permitem
que grandes organizações
entreguem, 83-84
processo de inovação, 138-139
vs. eficiência, 82-83
vs. gestão da inovação, 105-106
inovação aberta, 16-17, 61, 108
e a Procter & Gamble, 56-60
e setores de negócios, 62-63
hoje, 63-65
indústrias que não migraram
para a inovação aberta, 64-
inovação de modelos de
negócios, 137-139
inovação de processos, 138-139
inovação de produtos, 138-139
inovação de valor, definição,
130-131
inovação descontínua, 2-3
inovação diruptiva, 12-15, 23-24
definição, 25-27
e educação, 30-31
e saúde, 30-31
inovação em regime
permanente, 15-16
Ver também inovação
da eficiência; inovação
sustentada
inovação radical, 101-103

inovação radical de produtos, 138
inovação reversa, 16-17
  bloqueios em grandes organizações, 91-93
  definição, 89
  exemplo, 90-91
Inovação social, 145, 147-151
inovação sustentada, 12-13
  Ver também inovação em regime permanente
inovação tecnológica, 138-139
inovador, definição, 141-142
integração vertical, 13-15
Intel, 28-30
Invisible Children, 158-159
Ioannou, Ioannis, 147-151, 154-155
Isaacson, Walter, 23

Jager, Dirk, 56-58
Jobs, Steve, 23
jogos de gestão, 59
Jones, Gareth, 114
Jones, Reg, 94-95

Kelley, David, 117
Kia, 28
Kim, W. Chan, 129-130
Kingdon, Matt, 66-68
  Perguntas e respostas, 67-78
Kodak, 12, 15-16
Kony, Joseph, 158-159
Kony 2012, 158-159
Kramer, Steven, 146-147
Kranendijk, Stef, 151-155

Krishnan, M.S., 39
Kruesi, John, 8

Lafley, A.G., 57-60
Leading the Revolution (Hamel), 103
Lefferts, Marshall, 8
liderança, 44-46, 52-53, 123-127
  e o motor do desempenho, 84-85
liderança de inovação, 16-17
  com a criação de espaços abertos, 114-117
  visão geral, 113-114
  vs. liderança de mudança, 127
liderança de mudança, vs. liderança de inovação, 127
Lineback, Kent, 120, 123
lucros, e sustentabilidade, 154-156
luta contra a máquina corporativa, 74-75

Management Innovation Lab, 105
Mandela, Nelson, 123,124
mão invisível, 5
máquinas de ultrassom, 90-91
Markides, Constantinos (Costas), 88, 131-136
  Perguntas e respostas, 136-143
Markides, Constantinos, 10
Martin, Roger, 117, 162-163
Mauborgne, Renée, 129-131
McDonough, William, 150-151
medo do fracasso, 74-77

mentalidade global, 93-95
mente aberta, 64-65
Mercedes, 28
métricas, 100
Microsoft, 133, 135
MLab, 105
moda, 12-13
modelos de negócios, em
  conflito, 134-136
Moggridge, Bill, 117
motivação, 31
motor de desempenho, 84
  e liderança, 84-85
Motorola, 62
mudança climática, 161-163

N = 1, 41, 43-44
Neelands, Jonothan, 6, 114-117
negócios, e inovação, 3-5
New York Times Company, 82
Nintendo, 135
normas de redes, 159-160
Nuttall, Mike, 117

Open Business Models
(Chesbrough), 64-65
Open Innovation (Chesbrough),
63
Open Services Innovation
(Chesbrough), 64-65
organização para inovação, 117-119

P&D, 55-56
Peters, Tom, 117
Pfizer, 66-67, 69-70
Pixar, 73-75, 125

plataformas, 159-160
Pope, Frank L., 8
Porter, Michael, 86
Prahalad, C.K., 15-16, 35-40
  Perguntas e respostas, 40-46
processo justo, 130
Procter & Gamble, 36
  e inovação aberta, 56-59
  iniciativa Conectar +
    Desenvolver, 16-17, 59-60
produção em massa, 11-12
progresso econômico, e gestão
  da inovação, 101-102
Protagonistas, 70-72

R = G, 42-44
Ramaswamy, Venkat, 36
rede global de instituições, 160-161
redes de conhecimento, 159-160
redes de governança, 159-160
redes de políticas, 159-160
Refinity, 152-153
retração, 99
Revolução Industrial, 5-6
Rigby, Darrell, 62

saúde
  cocriação, 42-44
  crescente disponibilidade de
    dados pessoais, 39
  e inovação diruptiva, 30-31
Schmitt, Bernd
  Perguntas e respostas, 45-53
Schumpeter, Joseph, 5
segundo a chegar ao mercado, 88
segundos velozes, 133-134

serendipidade, 66-69
Singh, Vivek, 79-81
Slaughter, Anne-Marie, 162-163
Sloan, Alfred, 107, 111
Smith, Adam, 5
solução de problemas focada nos funcionários, 107-108
Sony, 135
sustentabilidade, 150-151
   impacto nos lucros, 154-156
   Ver também cradle-to-cradle

Tapscott, Don, 156-158
   Perguntas e respostas, 157-163
Taylor, Frederick, 108
tecnologias diruptivas, 20-21
telefones celulares, 12-13
telegrafia, 7-8
terceirização, 63
Tesla, Nikola, 9
The End of Management (Hamel), 103
The Fortune at the Bottom of the Pyramid (Prahalad), 36
The Future of Competition (Prahalad e Ramaswamy), 36
The Innovator's Dilemma (Christensen), 20
The New Age of Innovation (Prahalad e Krishnan), 39-40

The Progress Principle (Amabile e Kramer), 146-147
The Science of Serendipity (Kingdon), 67-68
The Wide Lens (Adner), 155-156
tornar real, 72-74
Toyota, 28, 107
transformações culturais, 92-94
Trimble, Chris, 89
Truelove, Emily Stecker, 120, 123

Unger, William, 8
união, 116-117
upcycling, 153-154
   Ver também cradle-to-cradle

vacas sagradas, 50-53
vantagem do pioneiro, 133
Viagra, 66-70
vida organizacional, 146-147
vida profissional interior, 147

Walmart, 36
Welch, Jack, 94-95

Xerox PARC, 10

Zara, 12-13
Zook, Chris, 62

Agradecimentos

Queremos agradecer a Steve Coomber pela ajuda com este livro. Também somos gratos às nossas colegas da Thinkers50, Joan Bigham e Deb Harrity, por suas contribuições fundamentais e criativas. Agradecemos ainda a todas as pessoas que entrevistamos ao longo dos últimos 20 anos escrevendo sobre o pensamento dos negócios – em especial a Clay Christensen, Gary Hamel, Linda Hill, W. Chan Kim, Matt Kingdon, Costas Markides, Roger Martin, Renée Mauborgne, Bernd Schmitt e Don Tapscott. Desejamos reconhecer principalmente a generosidade intelectual do falecido C. K. Prahalad.

Os autores

Professores adjuntos na IE Business School de Madrid, Stuart Crainer e Des Dearlove criam e defendem ideias de negócios. Eles são os criadores do Thinkers50 (www.thinkers50.com), o ranking mundial de líderes do pensamento dos negócios. Seu trabalho na área levou a *Management Today* a descrevê-los como "*market makers* por excelência". Como jornalistas e analistas, Stuart e Des têm feito perguntas pertinentes há mais de duas décadas. Agora eles ajudam líderes a encontrarem suas próprias perguntas e a explorarem a melhor maneira de comunicar as respostas às pessoas. Foram consultores do relatório de 2009 do governo britânico sobre comprometimento dos funcionários e colaboradores do Management Innovation Lab, na London Business School. Seus clientes incluem Swarovski, Fujitsu, Heidrick &

Struggles e o Departamento de Desenvolvimento Econômico de Abu Dhabi.

Stuart e Des são colunistas do *Times* (Londres), editores convidados da revista norte-americana *Strategy+Business* e editaram o best-seller *Financial Times Handbook of Management*. Seus livros incluem *The Management Century, Gravy Training, The Future of Leadership* e *Generation Entrepreneur*, todos disponíveis em mais de 20 idiomas.

Stuart é editor da *Business Strategy Review*. De acordo com a *Personnel Today*, ele é uma das figuras mais influentes na gestão de pessoas. Des é professor-associado da Saïd Business School, da Universidade de Oxford, e é o autor de um estudo de sucesso sobre o estilo de liderança de Richard Branson.

Des e Stuart vêm ensinando alunos de MBA, professores e altos executivos em programas ao redor do mundo, os quais incluem o Oxford Strategic Leadership na Saïd Business School, da Universidade de Oxford; a Columbia Business School, em Nova York; a Tuck Business School, da Dartmouth College, em New Hampshire; o IMD em Lausanne, na Suíça; e a London Business School.

Thinkers50

O Thinkers50 – ranking mundial definitivo de pensadores da administração – examina, avalia e compartilha ideias de gestão. Criado por Stuart Crainer e Des Dearlove, dois jornalistas de negócios que identificaram no mercado um lugar para um ranking independente dos melhores pensadores da administração, o Thinkers50 foi publicado pela primeira vez em 2001 e, desde então, é editado a cada dois anos. Em 2011, Crainer e Dearlove acrescentaram várias categorias de premiação e realizaram o primeiro Thinkers50 Summit, descrito como "o Oscar do pensamento em gestão e negócios". O vencedor de 2011 foi Clayton Christensen, professor da Harvard Business School. Os vencedores das edições anteriores foram C.K. Prahalad (2009 e 2007), Michael Porter (2005) e Peter Drucker (2003 e 2001). O ranking é baseado em uma votação realizada no site do

Thinkers50 e nas contribuições de uma equipe de consultores liderada por Stuart Crainer e Des Dearlove. O Thinkers50 avalia os pensadores a partir de 10 critérios estabelecidos:

- Originalidade das ideias
- Viabilidade das ideias
- Estilo da apresentação
- Comunicação escrita
- Lealdade dos seguidores
- Senso empresarial
- Perspectiva internacional
- Rigor de pesquisa
- Impacto das ideias
- Poder de inspirar